陸っぱり

令和
最新版

海のルアー釣りスタートBOOK

タックル＆ルアー選びから釣り方まで
釣果アップのコツをシンプル解説

TSURINEWS

CONTENTS

目次

PART.1 ライトゲーム

PART.2 アジング

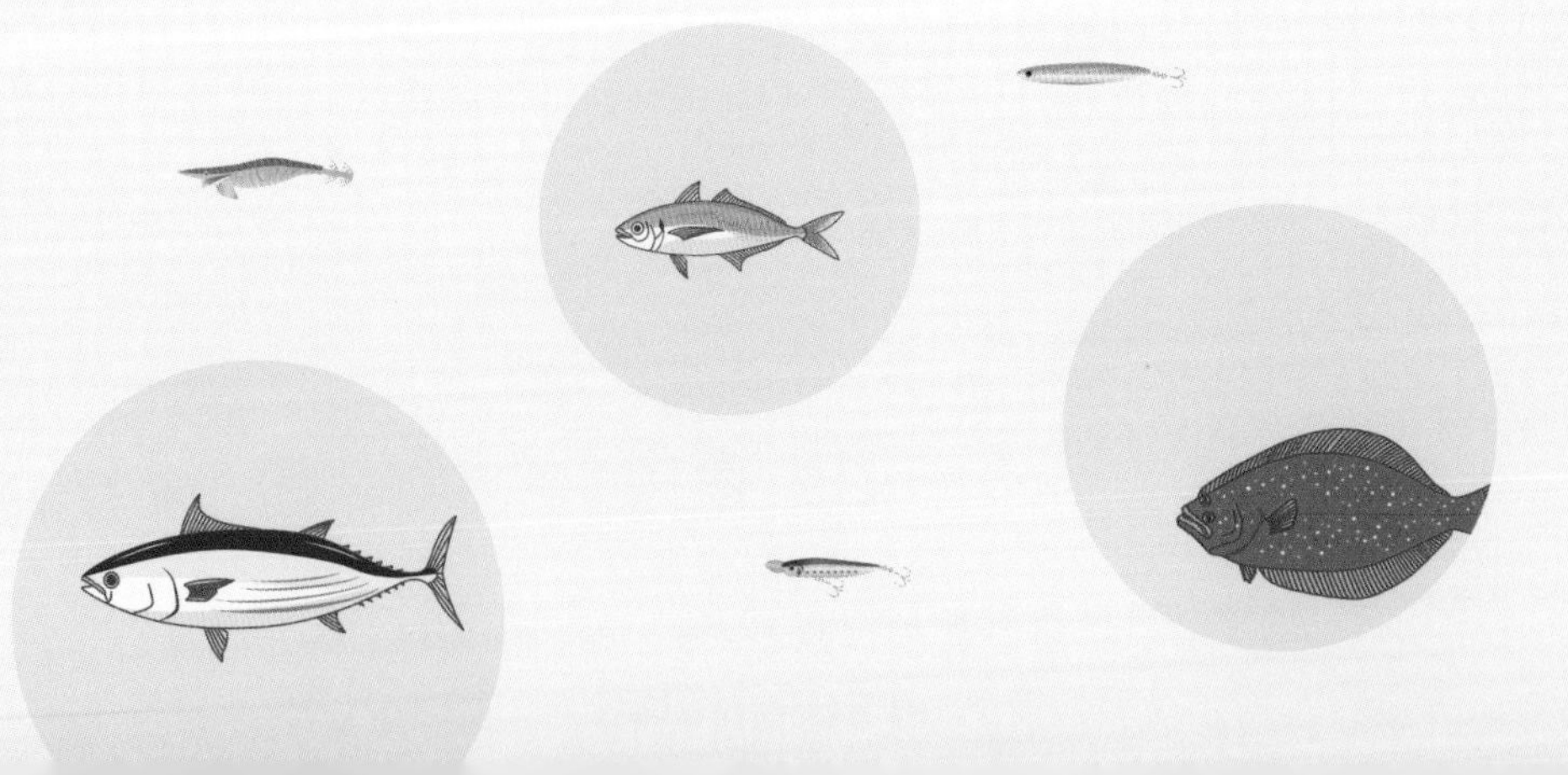

PART.3

メバリング

PART.4

エギング

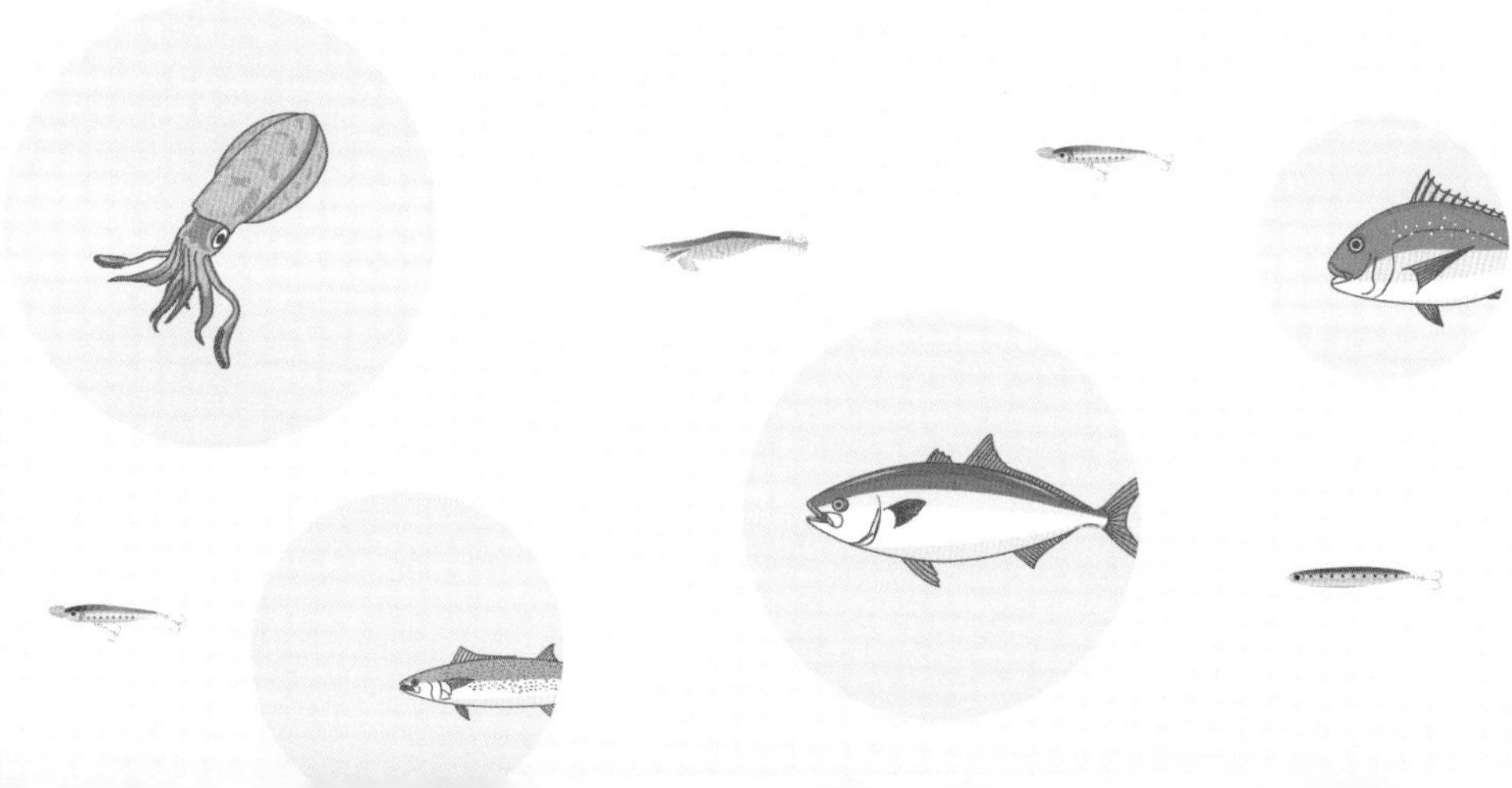

PART.5 シーバスゲーム

PART.6 ショアジギング

装丁・本文レイアウト
田中あつみ

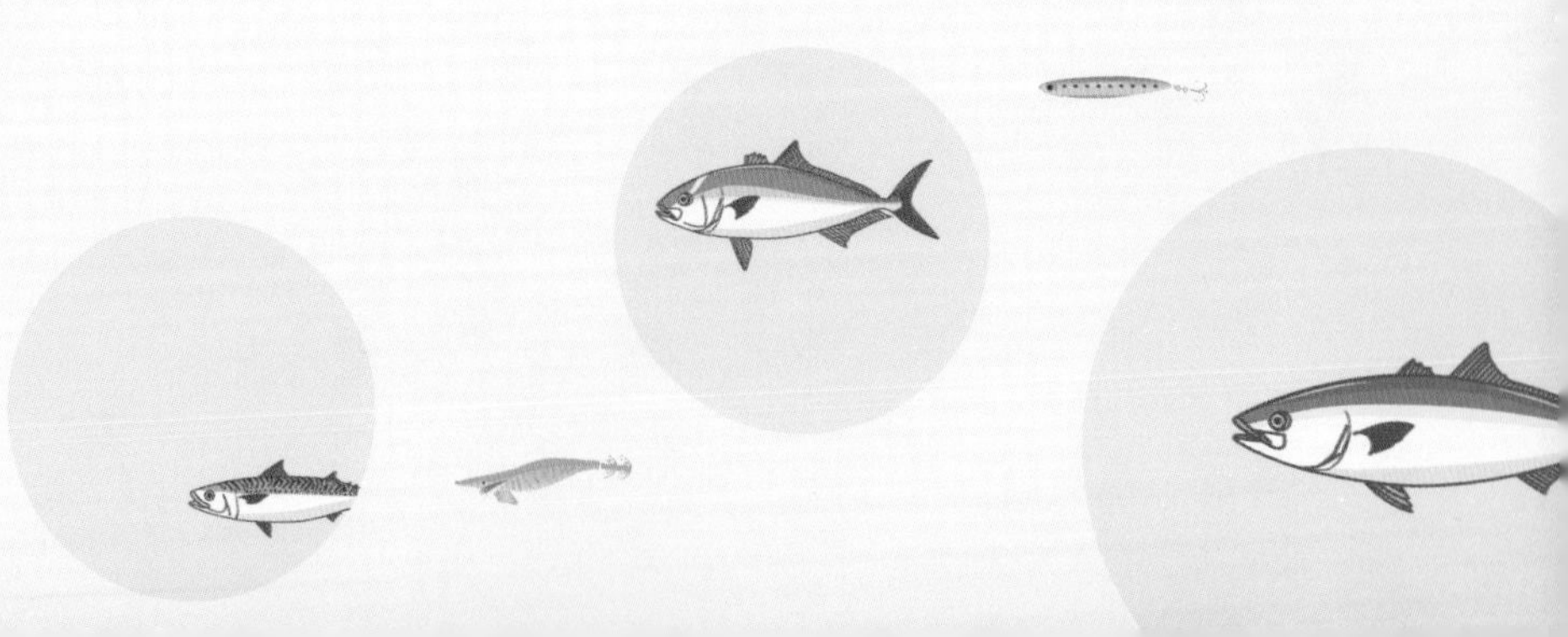

PART. 1

ライトゲーム

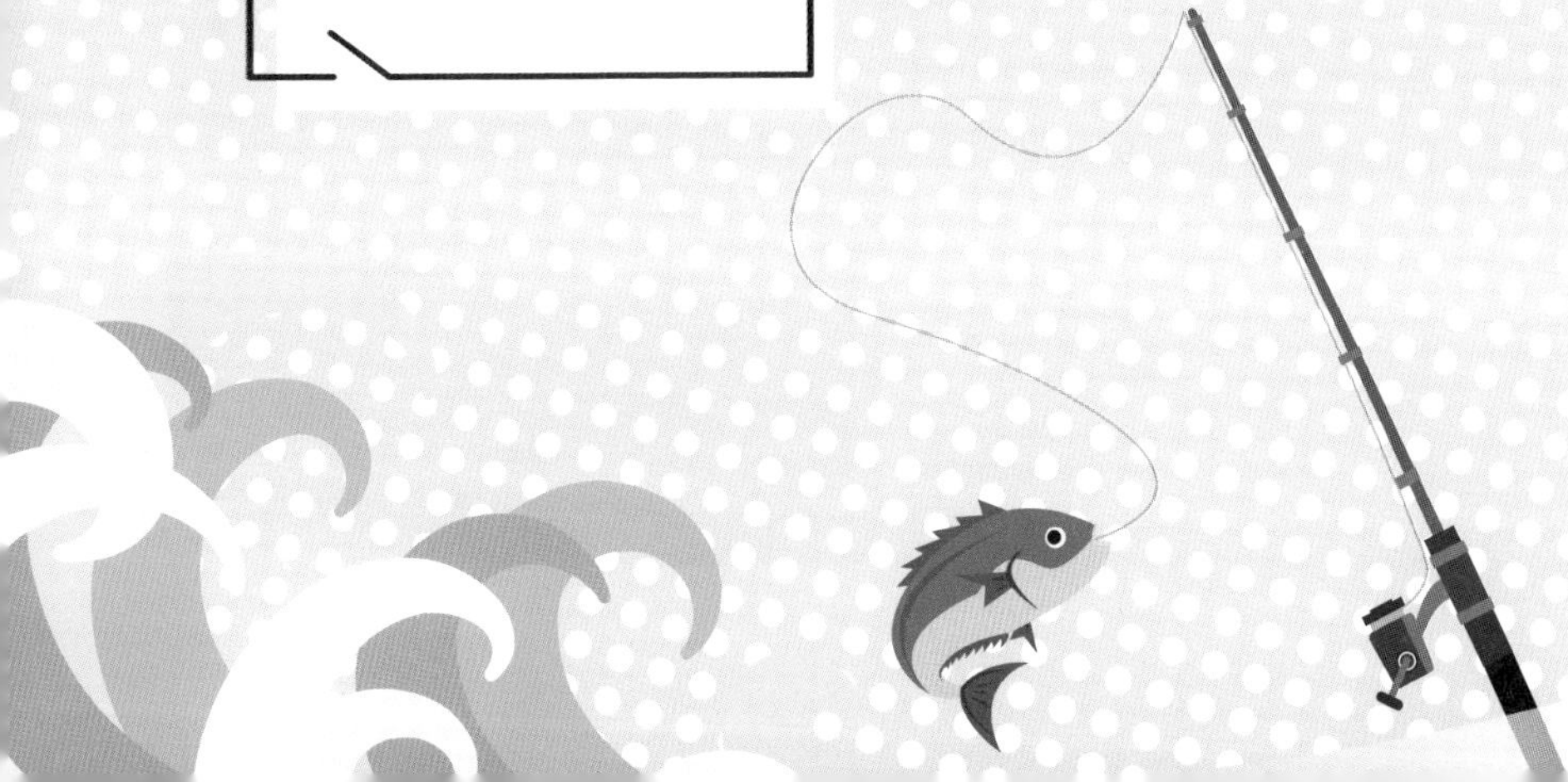

海のライトゲームって何？

海のルアー釣りデビューに好適なのが、比較的細くて短いロッドとリールを組み合わせ、ワームやプラグと呼ばれるルアーを使って小型魚を釣る「ライトゲーム」です。

ナイトゲームで25センチ超えのアジをキャッチ

海のライトゲームでターゲットとなるのは、カサゴやメバル、アジなど小さな釣り物。エサ釣りと比べると魚の反応は減りますが、ゲーム性が高く、「このルアーでこういう釣り方をすると釣れる」という再現性が見えてくると、比較的に容易に数釣りが楽しめるようになります。

必要な道具（タックル）

ルアー釣りでは、必要な道具を「タックル」と呼びます。主にロッド（竿）とリールの組み合わせのことを指しますが、場合によってはリールに巻くライン（イト）や、その先のルアーまでを総合してタックルと言うこともあります。

　とはいえ、基本的にタックルという言葉の意味するところは、釣り物に合わせたロッドとリールのセッティ

いろいろ釣れておもしろい

ングです。とくにライトゲームでは、このタックルが非常に重要で、ほかの釣り物に合わせたタックル、たとえばブラックバス用を持ってきても、そうそう釣ることはできません。

海のライトゲームでは、アジ、メバルに合わせて専用ロッドの設計があります。そして、これら2つの釣り物に合わせて、次のようなタックルセッティングが使いやすいと言われています。

アジ狙い

・6《フィート》（180《センチ》）程度のロッド
・1000〜2000番台のスピニングリール
・エステルライン0・3号（※ポリエステルでできたイトのこと。比重が大きいので水なじみがいいが、強度が低く、切れやすいという性質がある）

メバル狙い

・7《フィート》(約210《センチ》)程度のロッド
・2000番台のスピニングリール
・フロロカーボンライン1・5〜3lb（※lbとはポンド数。イトの強度のこと。1lb約450《グラム》の負荷に耐える）

メバル用のロッドは軟らかく、アジ用は硬いので、それぞれターゲットに合わせて選ぶといいでしょう。

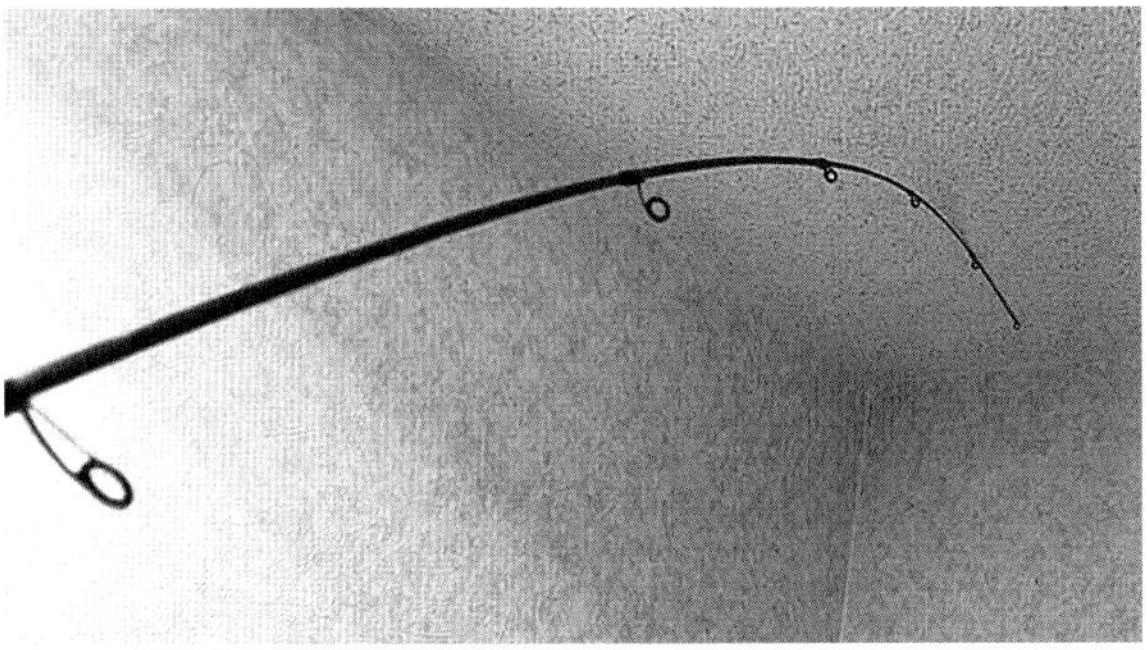

張りのあるアジングロッド

軟らかいメバリングロッド

ちなみに、汎用性で選ぶのならば、最初はメバル用がオススメです。

そしてラインは現在、海のルアー釣りで主流となっているPEラインを推奨します。0・3号という号数を、2000番のリールに100メートル巻いておけば、メバル、アジ、カサゴのすべてに対応可能です。

PE ライン推奨

PEラインは非常に感度が高いので、アタリ（※魚が食いついたときの手元の感触）がとりやすく、魚釣りの楽しみを十分に堪能できるうえ、強度が高いことも特徴。大物を掛けたときの対応力も◎です。

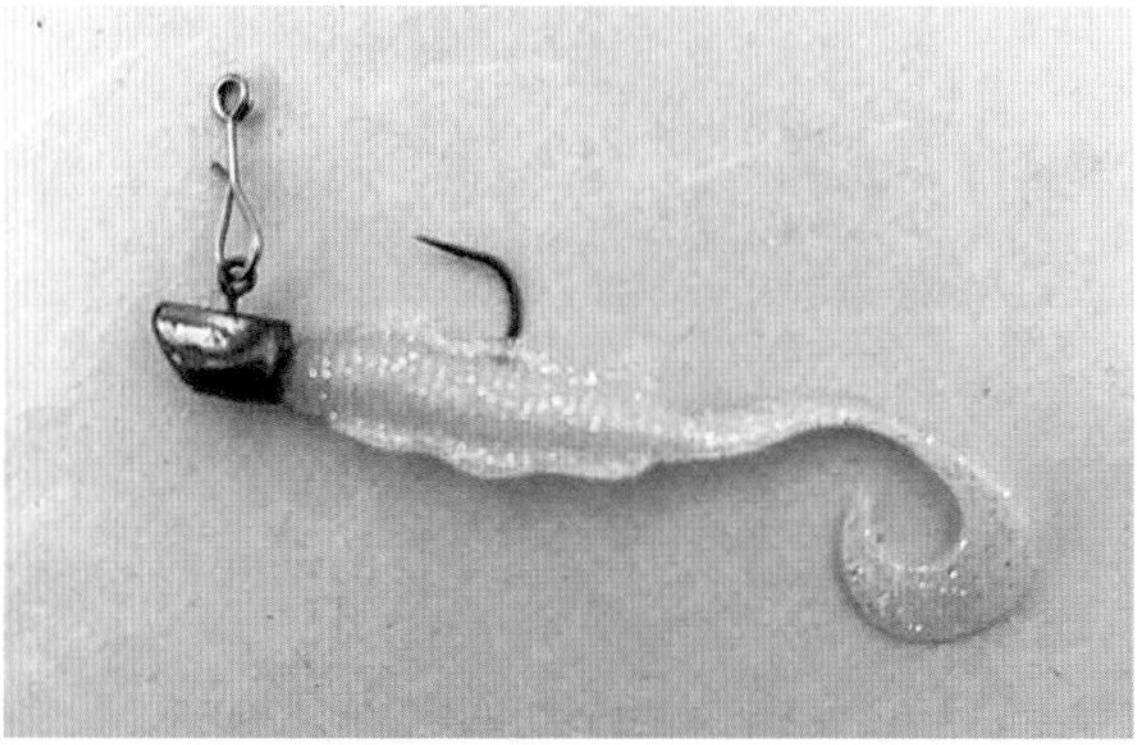

ジグ単仕掛け

必要な仕掛け（リグ）

ラインの先にくる仕掛け（リグ）については、ライトゲーム入門には「ジグヘッド単体」という釣り方をオススメします。

ジグヘッド単体、通称「ジグ単」とは、ジグヘッドというナマリが付いたハリに、ワームというイソメなどを模したソフトルアーをセットするもの。これを投げるだけで釣れるわけですが、肝心なのは投げる時間とポイント（場所）です。

時間・場所・季節

アジ、メバルともに、夜の常夜灯下がキーとなります。

港や波止などには、夜になると常夜灯がともるポイントがあります。その光が当たる湾内、内海（うちうみ）に向かって、仕掛けを投げてみましょう。

　アジ狙いの場合は、常夜灯がつくり出す明暗の「明」の部分に。メバル狙いの場合は、常夜灯の明暗がつくり出す「暗」の部分や、それ以外の場所でも足元の「キワ」と呼ばれる護岸際などに0・8グラム程度のジグ単の仕掛けを落とし、単純にゆっくりリールを巻けばOKです。

　時間は夕方から夜、場所は常夜灯下の明暗がシンプルでわかりやすいポイントと言えるでしょう。

　そして季節は、アジは秋、メバルは初冬～春がトップシーズン。カサゴは通年釣ることができます。

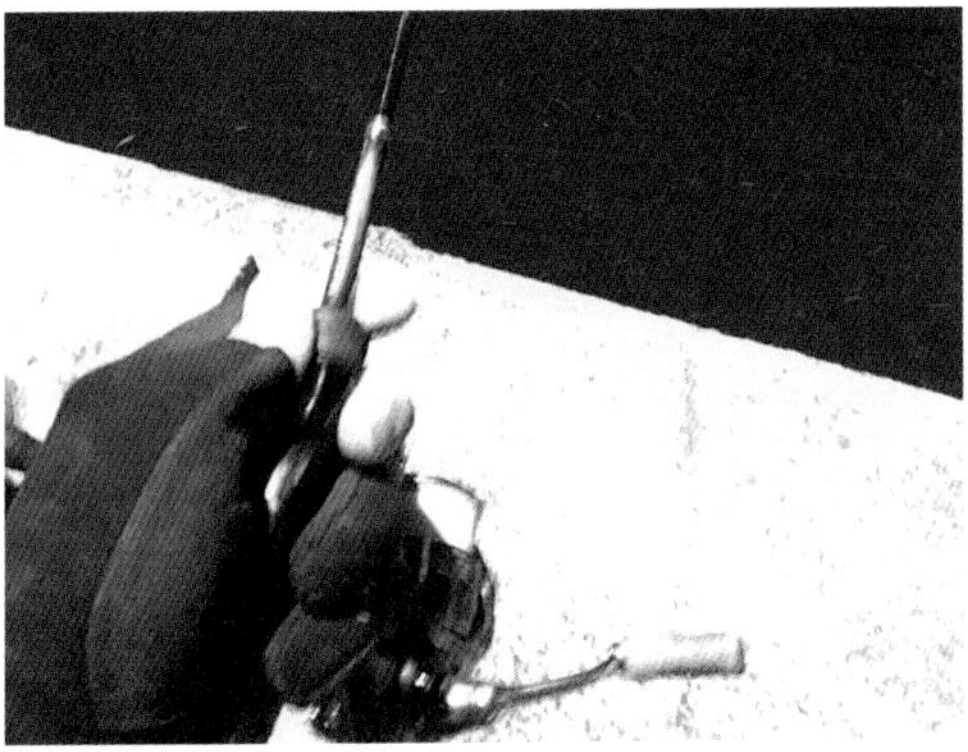
常夜灯下の明暗は鉄板ポイント

カサゴはキワのボトム＆壁付近が狙い目

ジグ単メバリングで良型キャッチ

PART.1
ライトゲーム

専用ロッドで汎用性が高いのは？

ライトゲームの専用ロッドにはメバリングロッド、アジングロッドがあります。これら2種の決定的な違いと、オールマイティに使うならどちらかという点について説明します。

調子とレングスの違い

アジングロッドとメバリングロッド、これら2種の大きな違いは、ロッドの曲がり方を言う「調子」と、レングス（長さ）です。

メバリングロッド

メバルを釣るための専用ロッド、メバリングロッドは軟らかく、スローテーパー（胴調子）と呼ばれる調子で、ロッドの胴（ベリー）部分から曲がります。ただ、厳密に言うと「スローテーパーぎみ」であって、胴に近いところから大きく曲がるという感じです。

また、大型メバルやハタ類をストラクチャーから引きはがすために、ポンピングもできるような太くて張りのあるバット部分も特徴と言えるでしょう。

レングスは、漁港周りでは6・8フィート前後～7・9フィートくらいがアベレージ。磯用に8フィート、9フィート台もあります。

アジングロッド

アジを釣るための専用ロッド、アジングロッドは、一般的にシャキっと硬く、いわゆる先調子のロッドです。基本的に穂先（ティップ）部分だけが曲がり、ベリーは魚の動きに追従して入っていきます。

レングスは5～6フィート台、長くても7・5フィート前後まで。4フィート台、50グラムアンダーという軽量モデルも存在し、メバリングロッドと比べると非常に軽いのが特徴です。

バットガイドまでの距離

両者には、そのほかにも小さな違いがあります。たとえば、ガイドの大きさ。アジング用のほうが小さく、メバリング用のほうが大きくなっており、これは専用リールがアジング1000番、メバリング2000番がスタンダードで、そのスプール径に合わせた設計になっているためです。

また、同様の理由で、グリップからバットガイド（手元のガイド）までの距離も微妙に異なります。アジング用のほうが短く、リールのスプール径（どのメーカーでもだいたい40ミリ）に合わせて、放出されたラインがすばやく収束するようになっています。同じライトゲームロッドでも、2つはまったくの別物であることを理解しておきましょう。

バットガイドまでの距離が短い

両刀できるのは？

一本のロッドでメバルとアジ、どちらも両刀するなら……。

釣り人によって意見が分かれるところですが、本書ではアジングロッドを推奨します。レングスは、アジングではスタンダードから少し長めの6・4フィート台、軟らかめに味つけされているティップがオススメ。アジの乗せ掛けに使えて、メバルの乗せにも対応してくれます。とくに平穏で水面との位置が近い漁港周りでは、6フィート台のほうがハンドリングしやすいため、釣りに集中できるでしょう。

まずはメバル狙いで練習

メバルとアジ、どちらがライトゲームのターゲットとしてむずかしいかといえば、アジでしょう。だからこそ、専用ロッドを一本は持っておきたいものです。

とくにビギナーは、取りまわしの練習として軟らかめのアジングロッドでメバルを釣り、ライトゲームの感触をつかんでおくと、上達が早いです。また、PEラインまたはエステルラインを使って、ラインの扱いにも慣れておくといいでしょう。

スピニングリールの番手の違い

ライトゲームには1000番、2000番といった小型スピニングリールを使用します。大きな差はないと言われますが、この「小さな差」をどう詰めるかが重要なポイントです。

リールの番手違い

リールの番手、1000番と2000番は何が違うのでしょうか。

答えは、スプール径です。同じ機種ならばボディサイズは同じで、1000番は40ミリ径、2000番は42ミリ径のものがほとんど。つまり、サイズ感や基本性能は変わらないのに、スプール径だけが2ミリ違うわけです。この差をどうとらえるかは、釣り人次第でしょう。

アジングには1000番が好適

アジングでは、5〜6フィートのロッドを使います。レングスが短いぶん、リールフットからバットガイドまでの距離が近くなるため、キャスト時にスプールから放出されるラインはコイル状になるのですが、その収束に優れているという点で、リールはより小口径の1000番が適しています。

また、1000番のほうが軽い機種が多く、軽量なアジングロッドとバランスがとりやすいというメリットも。アジは小さなアタリを出すの

アジには1000番

で、タックルが重いとアタリがぼやけてしまうのです。

飛距離という点では、1000番も2000番もほとんど変わりません。しかし、1000番のほうがバットガイドへの収束がいいぶん、エステルライン運用でバックラッシュしづらいという大きな利点があります。これは1000番最大の恩恵と言えるかもしれません。

メバリングには2000番

メバリングには、2000番を推奨します。釣り場の条件によって2500番という選択もありですが、6フィート後半～7フィートがアベレージのロッドレングスでトータルのバランスを考えると、やはり2000番に軍配が上がります。

ただ、1000番でやれないかといえば、そんなことはありません。ハンドル1回の巻きとり量が数センチ違う程度で、ほかに違いはほとんどないので、1000番でもOKです。むしろスローにリトリーブしたいときなどは、1000番のほうがいいかもしれません。

しかし、メバルは掛けると根に潜る可能性があるうえに、ほかの根魚に対する適性も考えると、わずかな巻きとり量の差でも2000番のほうがベターと言えるでしょう。

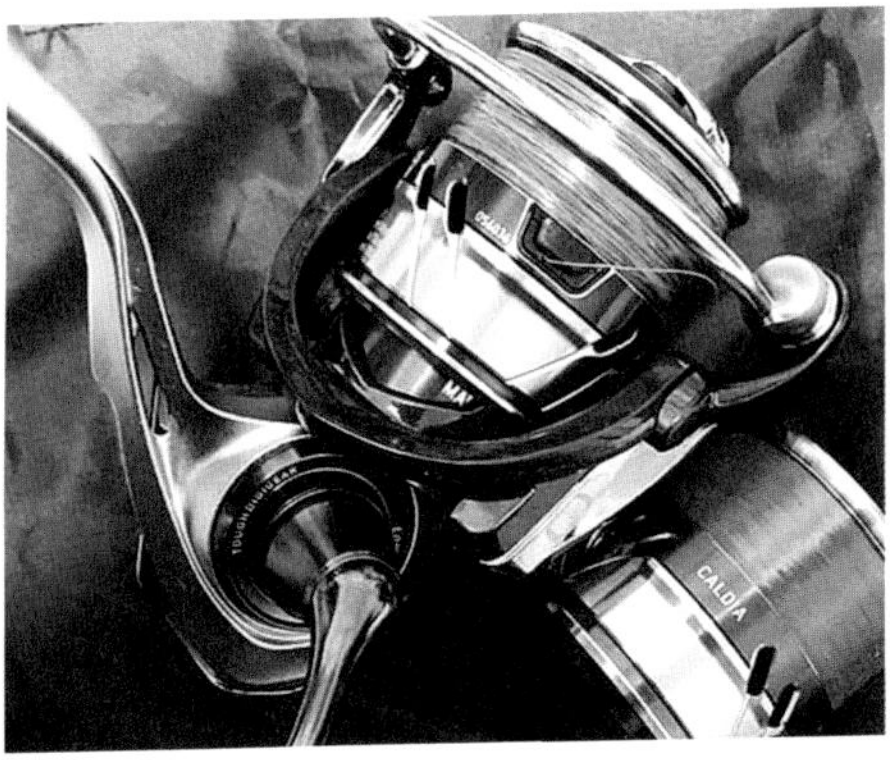

メバルには 2000 番

ラインの巻きグセについて

1000番、2000番の違いとして挙げられるのが、ラインの巻きグセのつきやすさ、つきにくさ。一般的に大口径リールのほうが巻きグセがつきにくく、小口径はつきやすいと言われています。

PEラインは比較的クセがつきにくいラインですが、エステル、フロロは巻きグセがつきやすいため、太い号数になるほど、大口径（2000番）に巻いたほうがいいかもしれません。エステルの場合、0・4号程度からは2000番を推奨します。

ギア比・ハンドル長にも違い

1000番と2000番のスピニングリールでは、ギア比、ハンドル長が違うこともあります。これも見逃せないポイントです。

ギア比

たとえば、1000番のギア比が4・8：1、2000番のギア比が5・2：1という機種があったとします。この場合、1回転あたりの巻きとり量は4センチ程度。4センチというと、アジングではけっこう大きな差になり、また追尾してくるアジやメバルを、ギア比で弾いてしまうことも考えられます。

ローギアをハイギアっぽく使うことはできても、その反対はむずかしいとよく言われます。とくに繊細なリグの操作を必要とされるライトゲームでは、もっとギア比を低く、またできれば感覚的にリールとしての剛性も低いほうが、アタリはとりやすくなるでしょう。

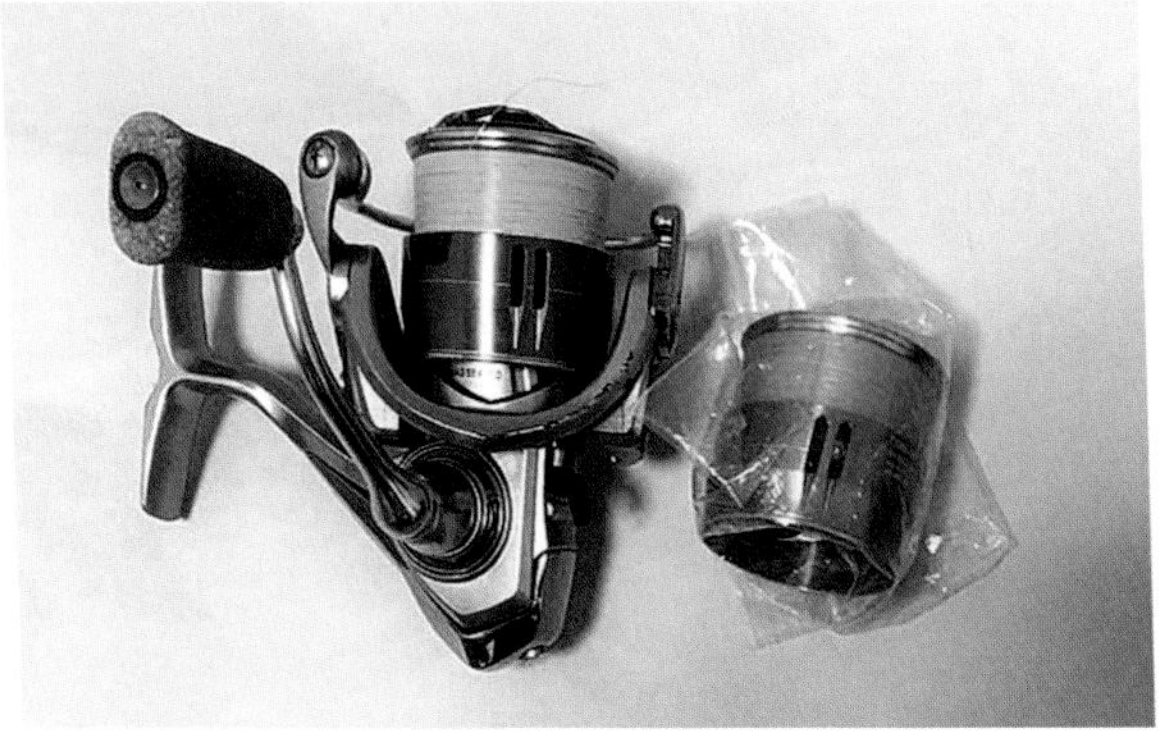

スプール2つで運用する手も

ハンドル長

35ミリハンドルと40ミリハンドルに加えて、最近は2000番に45ミリハンドルがラインナップされるようになってきました。ハンドル長については、自身の感覚で選んでかまいませんが、より繊細なゲームを楽しみたいならば、やはり細かい巻きとりができるショートハンドルに分があるでしょう。

1つでいくならどうする？

1000番を買って、2000番の替えスプールを購入すれば（その逆もあり）、リール1つで1000番と2000番を両立させることができます。この場合、エステル、PEと棲み分けておくと、いろいろな状況に対応しやすいでしょう。

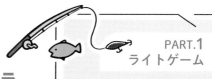

ライン4種の素材&太さの選び方

ライトゲームにおいてラインは非常に重要な要素です。4種のライン素材のメリット&デメリット、そして太さの選び方について解説します。

ラインの素材

現在市場に出まわっているライトゲーム用ラインの素材は4つ。それぞれのメリット、デメリット、そして適したターゲットを紹介しましょう。

ナイロンライン

ナイロンラインは「もっとも安価」で「使いやすい」素材です。また、「色がついている」ので、夜でも認識しやすいのもメリット。ライン自体が軟らかく、バックラッシュなどのトラブルが起きにくいので、入門者に向いています。

一方、海水に対して比重が小さく、ライン自体が浮くため、非常に軽い1グラム以下のルアーは使いづらいという欠点があります。

フロロカーボンライン

「ナイロンラインよりも少し高価」「ラインが硬いので慣れていないと使いづらい」のがフロロカーボンライン。基本的に「無色透明」なので、夜間はほぼ見えません。

また、海水に対して比重が大きく、

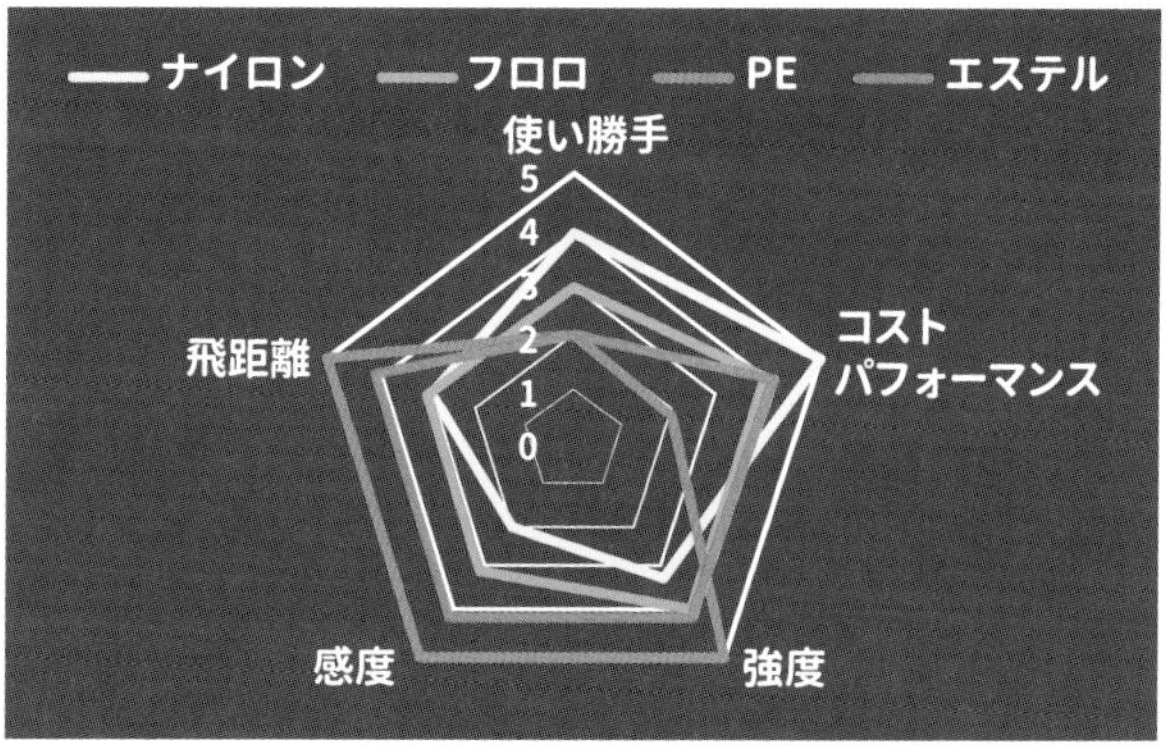

素材の特性

	ナイロン	フロロ	PE	エステル
メバル	○	○	◎	△
アジ	△	○	△	◎
カサゴ	○	○	○	×
シーバス	○	○	◎	△

魚種と素材の相性

ライン自体が沈むので、1グラム以下の軽量ルアーも使いやすく、ボトムをとりやすいという利点があります。

さらに、ナイロンラインと比較してラインの伸びが少なく、感度がよく、強度も高いです。

ラインが硬く、元の直線に戻ろうとする力が強いため、バックラッシュやイトがらみが起きやすいのが難点と言えるでしょう。

PEライン

「高価」で「ショックリーダーが必須」であるため、「入門者向けではない」のがPEライン。しかし、強度がナイロンの約4倍あるため細くすることができ、感度と飛距離が飛躍的に向上します。遠投するならPEライン一択です。

基本的に比重が海水よりも小さく、ラインが浮くので、1グラム以下の軽量ルアーを使うのに適しません。また、軽量で風の影響を受けやすく、根ズレなど摩擦に弱いのが難点です。

エステルライン

「そこそこ安価」で、かなり「使いどころを選ぶ」素材です。フロロカーボンラインとPEラインの性質を併せ持ったような感じで、比重が大きくて海水に沈むうえに、ラインが伸びないので感度も良好。強度はそこそこ高いものの、ライン自体が硬いので、太いと使いものになりません。

また、まったく伸びない性質から瞬間的な力に弱く、「ショックリーダーが必須」なので、入門者には少々扱いづらいと言えるでしょう。

	ナイロン	フロロ	PE	エステル
メバル	4lb	3lb	0.4 号	0.4 号
アジ	2lb	2lb	0.2 号	0.3 号
カサゴ	4lb	4lb	0.4 号	0.4 号
シーバス	4lb	4lb	0.4 号	0.4 号

※ 2lb=0.5 号、4lb ＝ 1 号

魚種＆素材別ラインの太さ

ちなみに、これらデメリットを回避しつつ、メリットを存分に受けられる釣りがアジングです。

号数（＝太さ）選び

素材の次に迷うのは「号数＝太さ」ではないでしょうか。ライトゲームではドラグを使うことが前提となるため、上表はドラグをしっかり調整したうえでの数値です。これ以上太くしても過度な強度になり、細くするとラインブレイクのリスクが高まります。ひとつの目安として参考にしてください。

適切なロッドを

ロッドには適正なラインの太さが記されています。とりわけアジングロッドは、感度向上のために極小ガイドを搭載しているものも多く、適正よりも少し太いだけで飛距離が落ちてしまい、破損につながることも。手持ちのロッドを一度チェックしてみましょう。

ロッドとの相性も大事

PART.1
ライトゲーム

リーダーの太さ（号数）の選び方

ＰＥライン、エステルラインの運用にはショックリーダーの結束が不可欠です。また、その号数は状況に応じて使い分ける必要があります。リーダーのセレクト法を紹介しましょう。

リーダーの号数選定の重要性

リーダーはターゲットとシチュエーションに合わせて選ぶことが大切です。たとえば、一般的なアジングに８lb＝２号は明らかに太すぎで、２号は磯でのメバリングに適した号数となります。

細すぎるリーダーを使うと魚に切られてしまう。逆に太すぎるリーダーを使用すると、まったく釣れない。ライン本線との組み合わせを考えるうえでも、号数は調整する必要があります。細い本線に太いリーダーを使うと、結束コブが大きくなってしまったり、摩擦が大きくなってしまい、結束部でアワセ切れなどを招くことがあるからです。

ライトゲームにおける主なライン本線は、ＰＥラインとエステルラインです。それぞれリーダー号数とのマッチングを見ていきましょう。

ＰＥ０・２〜０・４号の場合

細いラインはアジング、太めのラインはメバリングに使う号数です。

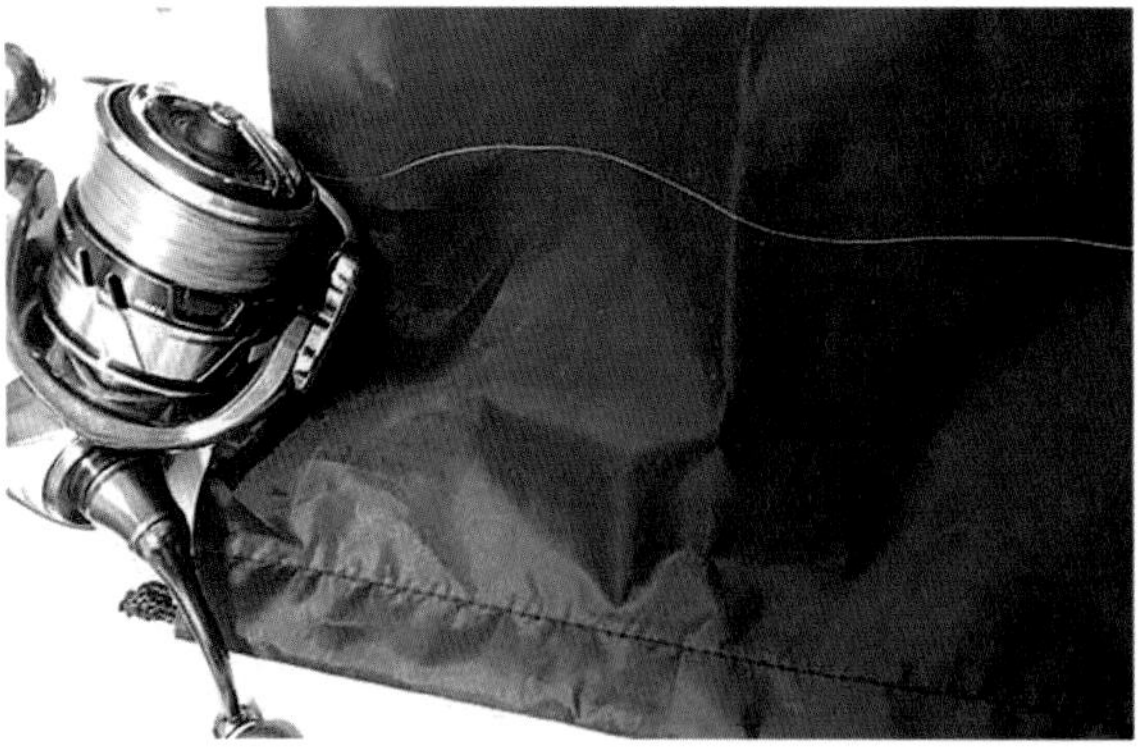

PE ライン

この場合、それぞれの号数に対応して、リーダーは3～6lbとなります。たとえば0・2号ならば、4lb程度の強度があるので、これに合わせるなら3lb程度が適正でしょう。

　このように、リーダーのポンド数がPEラインのポンド数の下になるように設定するのが基本です。そうすることで、高度なシステムノットを組んだときの根掛かり回収率が上がったり、結束コブが小さくなってラインがよく飛ぶようになります。

　PEラインとリーダーの組み合わせは、アジングでは0・2号に3lb、メバリングでは0・25号（または0・3号）に4lb程度が基準となります。海の条件が荒い場所、ターゲット有利の場所になると、それに応じて本線、リーダー号数も上げるのが一般的です。

エステル0・2～0・4号の場合

　0・2号台はアジング、0・3号からはメバリングもできる号数です。0・4号となると、ギガアジのジグ単、波止で強風時の大きめのメバリングとなります。

エステルライン

　エステルラインは、ほぼアジングや管理釣り場専用のラインで、0・2号台の号数に組み合わせるならば、リーダーは3lbが基準。コンディションがシビアなときは2lbまで落とします。

　また、0・3号でも3lbが基準になりますが、状況によっては4lb程度で、ショートリーダーにするほうが合いやすいかもしれません。フロロの重さでフロントヘビーにして、ラインを沈めやすくするイメージです。大きめのメバルやシーバスが交じるポイントでは4lbが基準になるでしょう。

　0・4号ならば5lbを使用すべき。0・4号で狙うターゲットは、強めの勝負をする必要がある、すなわち魚に歯が多少なりあるか、海底の根

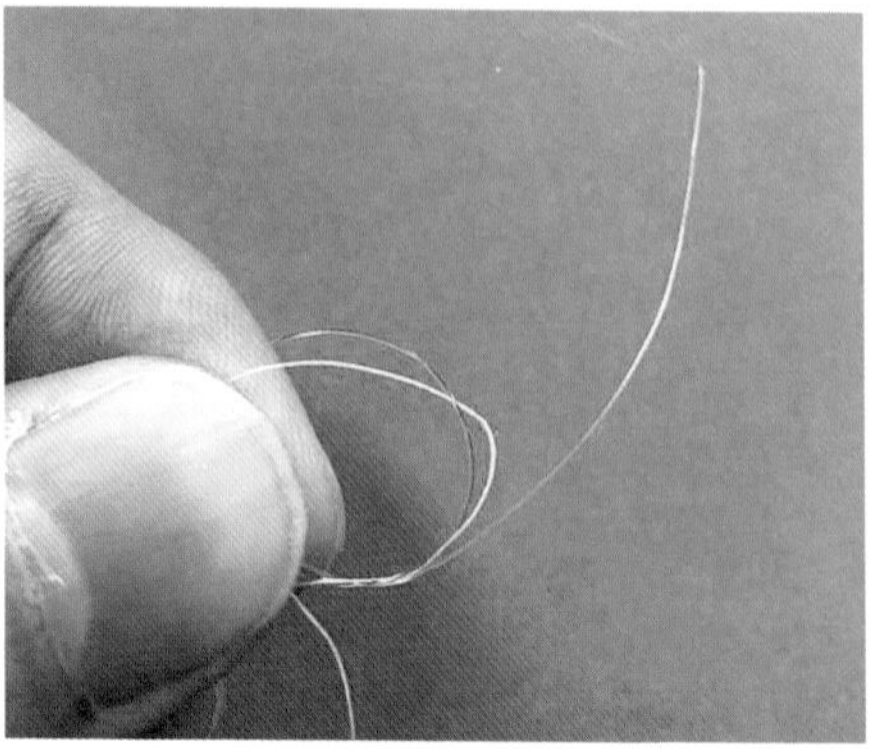

3.5ノット

が粗いかなので、太いほうがいいでしょう。

結束は3・5ノット推奨

リーダーの結束には、ライトゲームでは3・5ノットがもっとも手軽です。

やり方は、

メバリングにはFGノット

①本線とリーダーを10《センチ》くらい舐めて重ねる
②輪をつくる
③輪の中に本線とリーダーを重ねた状態のまま3回通す
④本線だけをもう一度通して締め込む
⑤端線をカット

といった具合です。慣れれば10秒くらいで結束可能。強さはライン強度の75《パーセント》くらい維持できます。

ただし、メバリングにはFGノットがオススメ。結束コブを小さくすることができ、結束部をガイド内に入れてキャストしても飛距離がそれほど変わらないからです。

また、FGノットの強度はライン本線の95《パーセント》程度。PE0・3号あれば、陸っぱりで掛かる可能性のあるターゲットはすべて、ドラグを使えばまちがいなくキャッチできます。

リーダーはフロロが基本

材質は、フロロカーボンがオススメ。2〜3lbという強度になると、ナイロンだとプチプチ切れるので、細糸ほどフロロを推奨します。

今さら聞けないジグヘッドの基本

ジグヘッドはヘッド部とハリが一緒になったもの。ルアー釣りで幅広く用いられます。ナマリとハリの組み合わせの世界について詳しく、深い知識を身につけましょう。

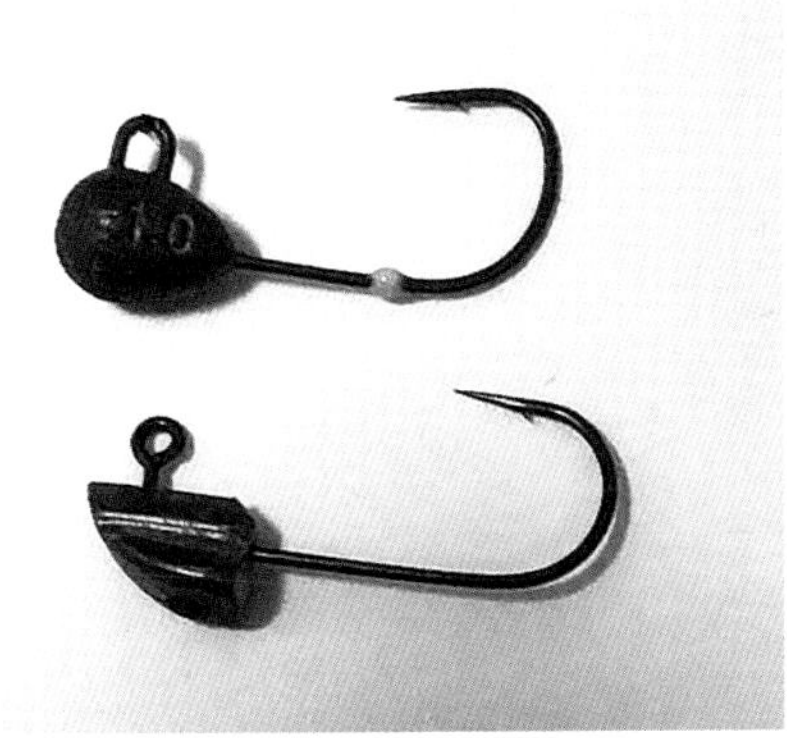

ノーマルゲイブ（上）とオープンゲイブ（下）

ジグヘッドは、ターゲットの習性に対して、なるべくヒットしやすく、回収率を上げるためにさまざまな工夫が凝らされたものがあります。本項では、ゲイブ、かえし、ハリ色について深掘りしていきます。

ゲイブの仕様

ゲイブとは、ハリ先のことを言ったり、フトコロ部分全体のことを言います。

メバリング用のゲイブ

メバリングでは、主にノーマルゲイブが用いられます。シャンク（ハリの軸）に対して、ゲイブがほとんど平行に伸びているのが特徴です。

メバルはハリの食い込みのいい魚なので、あまり細工を凝らす必要がないようですが、一部、反転して食う性質に合わせて、シャンク部分からアール（弧）を描いている特殊なジグヘッドもあります。

アジング用のゲイブ

アジングでは、主にオープンゲイブを用います。シャンクに対して、ゲイブがやや開きぎみなのが特徴です。

アジの吸餌スピードは0・2秒と言われ、この速さにアワせるのは至難の業。そこで考え出されたのが、アジの口の瞬間的な食い方に対して、開きぎみのハリ先が自動的にフッキングするようなオープンゲイブ。その歴史は、アジングが専門的に研究されるようになって15年ほどあるようです。

ハリの「かえし」の仕様

ハリには、掛かった魚の食い込みに対して二重にフッキングするための「かえし」が付いています。魚がハリを外そうともがくほど掛かりが深くなってしまうものですが、釣りで用いるハリのなかには「かえし」がないタイプもあります。

ルアー釣り用語では、「かえし」のことを「バーブ」と呼びます。そして一般的なジグヘッドには、バーブが付いています。

バーブレスフック

ハリに「かえし」が付いていないフックをバーブレスフックと言います。あえてバーブレスにする理由は、主にアジングでリリースの手返しをよくするためです。

また、豆アジと呼ばれる小さなアジを相手にするバーブレスフックもあり、これはアジの口破れしやすい性質を考えたもので、とくにしっかりと固い上アゴに掛かりにくい豆アジをうまく釣るために設計されたそうです。

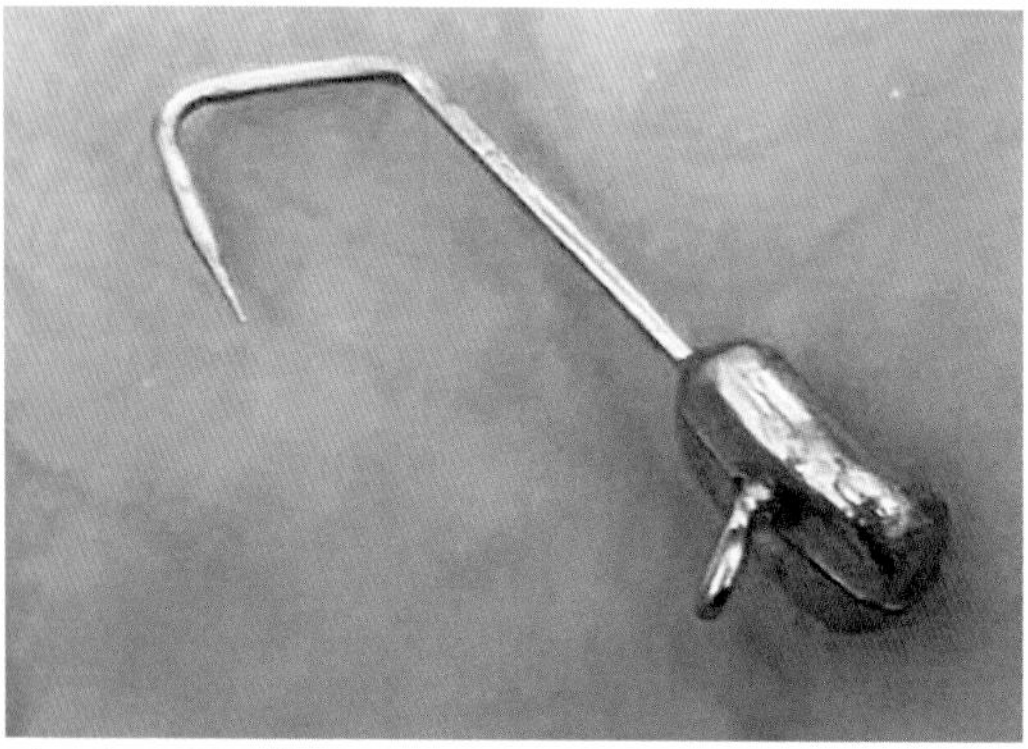

バーブレス豆アジフック

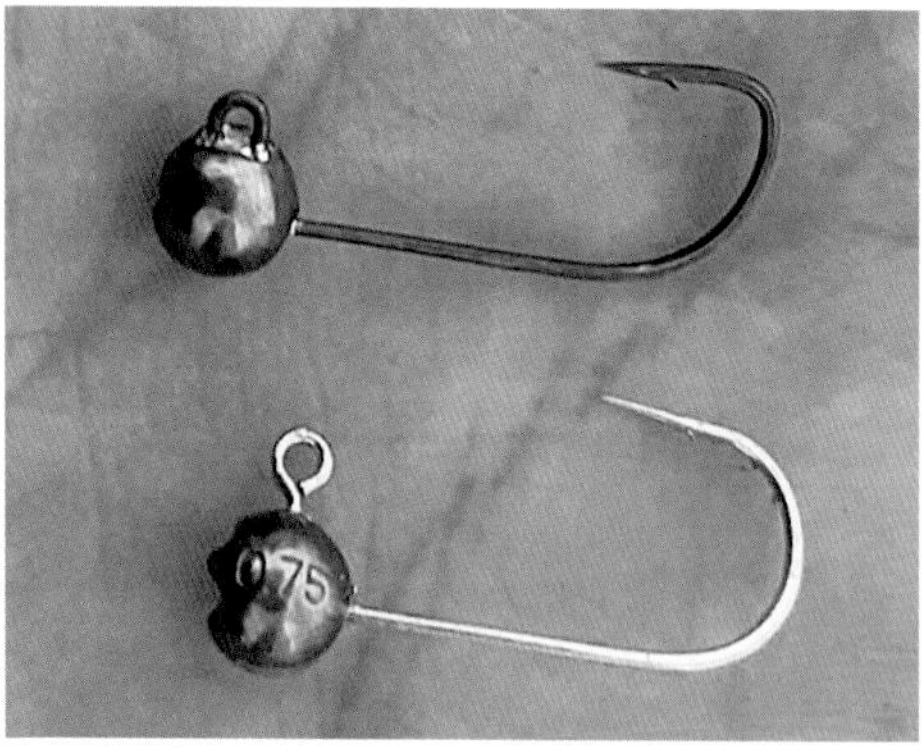

セミバーブレス

セミバーブレスフック

比較的小さめの「かえし」が付いたフックのことを、セミバーブレスフックと言います。ショートバイトを逃しにくい細軸のハリや、小型のハリとのマッチングがいいことで、近年よく見られるようになってきました。

根掛かり回収率が悪い、魚を無用に傷つけてしまうなど、「かえし」の付いたフックのデメリットを半分程度にしたものが、セミバーブレスフックと言えるでしょう。

ハリのカラー

ジグヘッドのハリのカラーは、基本的にシルバーか黒です。不必要に魚を刺激しない色になっているわけですが、なかには金色のものがあり、魚の活性が比較的高いときに、フラッシング（きらめき）効果で食いをよくすると言われています。

ただ、金色のハリは錆びやすいという欠点も。もっとも、サビが目立ちにくいだけでシルバーや黒のハリも錆びるので、ジグヘッドは使用後の水洗いが不可欠です。

ジグヘッドの「ヘッド」部

ジグヘッドの「ヘッド」部分にはいろいろな意匠があり、形状で言えば、大まかに以下の3種類に分けることができます。

1つめは、水受けのよさでリトリーブが快適にできるラウンド型のヘッド。2つめは、底部が扁平になって、水の抵抗を大きくするスローフォール型のヘッド。そして3つめが、リアクションバイトを誘発するために、ヘッド部分がやじり型などになったダート用のヘッドです。

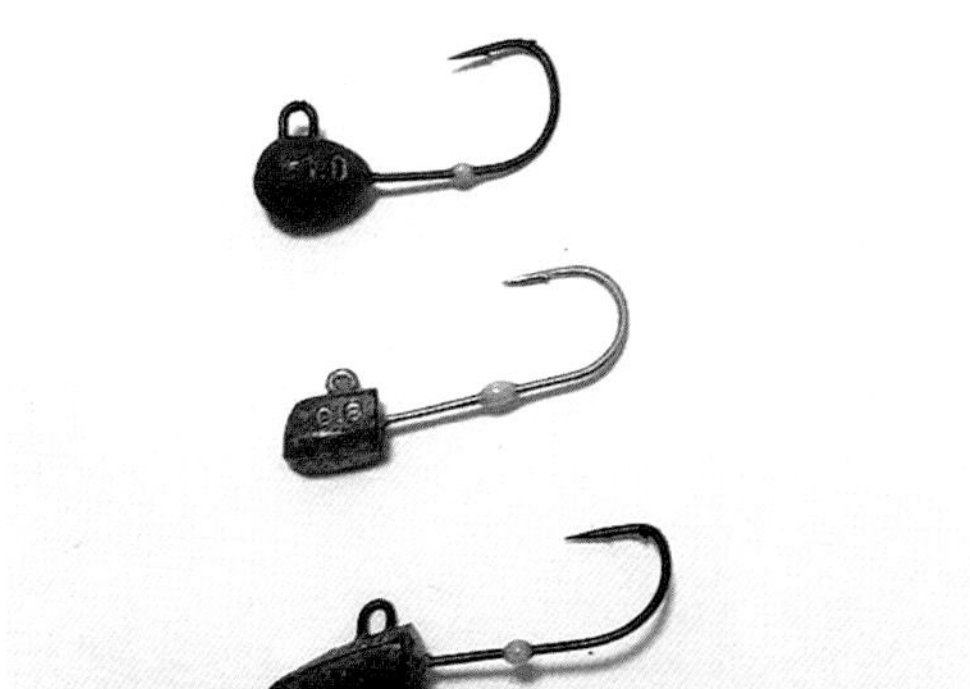

ライトゲーム用３種類のヘッド

このような形状に加えて、最新のジグヘッドには、細やかな工夫が随所に施されています。ヘッド部の形状とターゲット適正について紹介しましょう。

汎用性の高いスローフォール型のヘッド

ヘッドの形状とターゲット適正

前述した3種類の形状のヘッドは、次のようにターゲットに合わせて使い分けます。

・ラウンド型のジグヘッド↓メバル、カサゴ、巻きパターンのアジ

・スローフォール型のジグヘッド↓アジ、レンジキープで釣るメバル

・ダート型のジグヘッド↓デイメバル、デイカサゴ、またリアクションバイトのアジなど

3種類のなかで万能なのは、スローフォール型のヘッド。フォールの釣りを基本としながらも、先端が尖りぎみになっていて、ダートアクションも演出できたり、リトリーブしても浮きすぎず任意のレンジを巻いてくることができます。

変り種のヘッド

ライトゲームの2大ターゲット、アジ・メバル用のジグヘッドには、〝プラスワンの工夫〟が凝らされたものがよく見られます。自分のターゲットを中心に幅広い魚種に対応できるヘッドを探してみましょう。

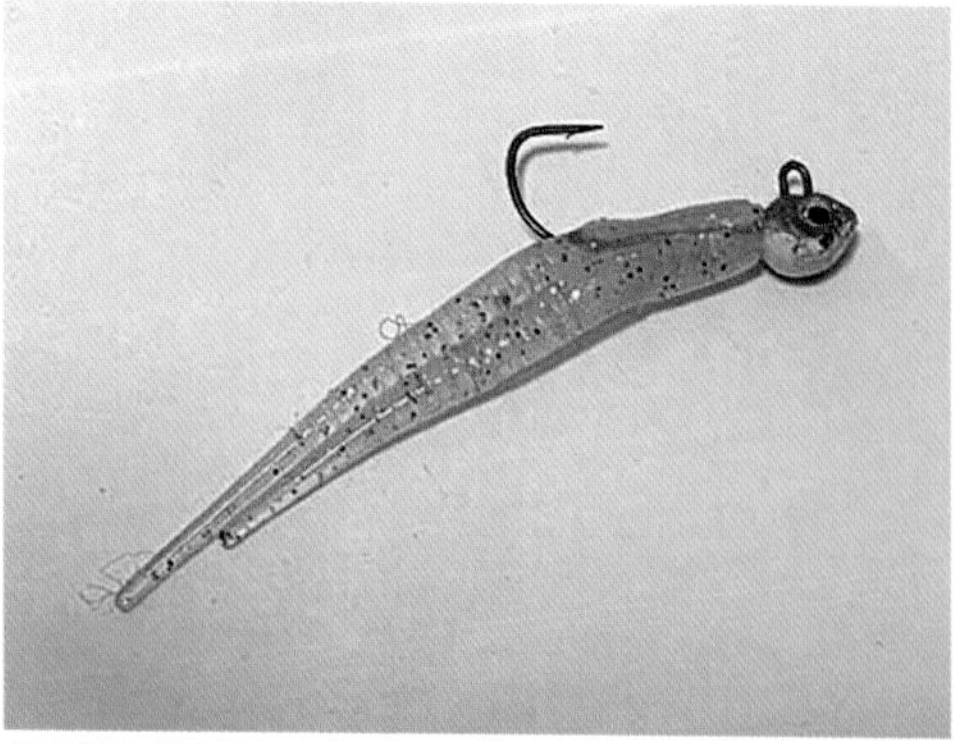

魚の顔を模したヘッド

ヘッド部分の「遊び」を紹介しましょう。ヘッドの「創意工夫」で魚の反応が変わることもあり、なかなか奥深いです。

魚の顔を模したヘッド

定番。ベイトフィッシュパターンなどで威力を発揮します。

グロー（発光タイプ）のヘッド

ヘッド部分が光るので、真っ暗闇のオープンウォーターで魚に見つけてもらう効果が期待できます。

メタルジグヘッド

ヘッド部分をメタルジグのようなフラッシング効果のあるつくりに。アジ、メバルに好反応。

カッティングにも注目

ラウンド型の形状のヘッドでも、たとえば先端が微妙にカッティングされているといった具合に、微妙に細工されたものも。水中での引き抵抗が増すことで、軽量でも動かしたときの微妙な手ごたえが伝わりやすくなり、リグの操作性がアップすると言われています。

ヘッド部分に施されている細工は本当にさまざま。おもしろいものを見つけたら購入して試してみましょう。

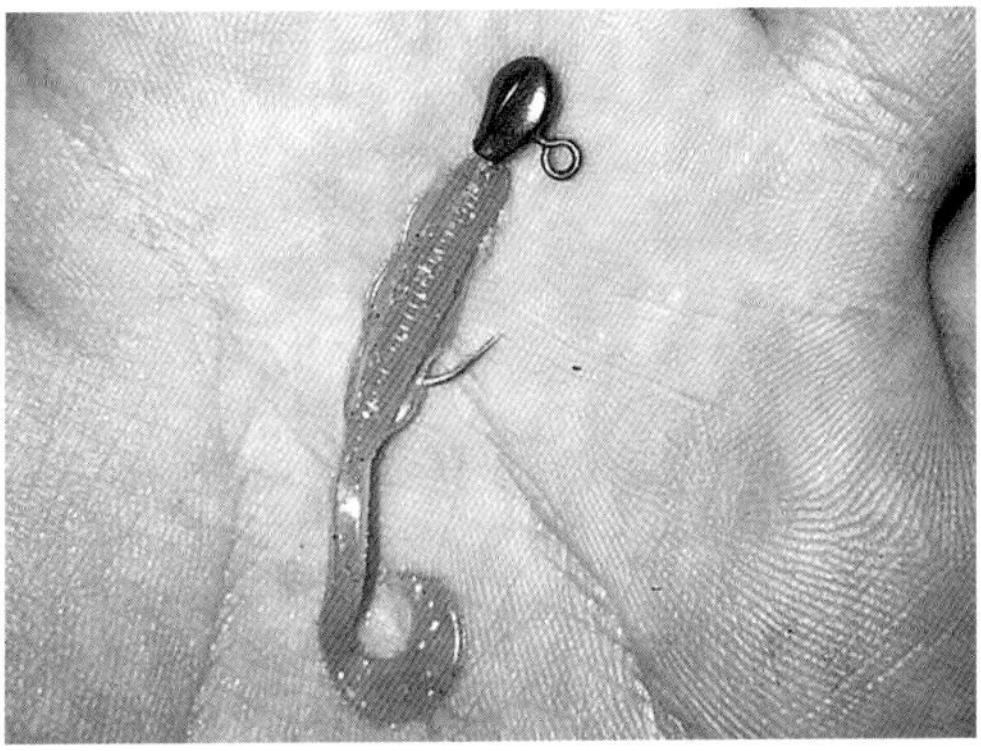

グロータイプヘッドにグローワーム

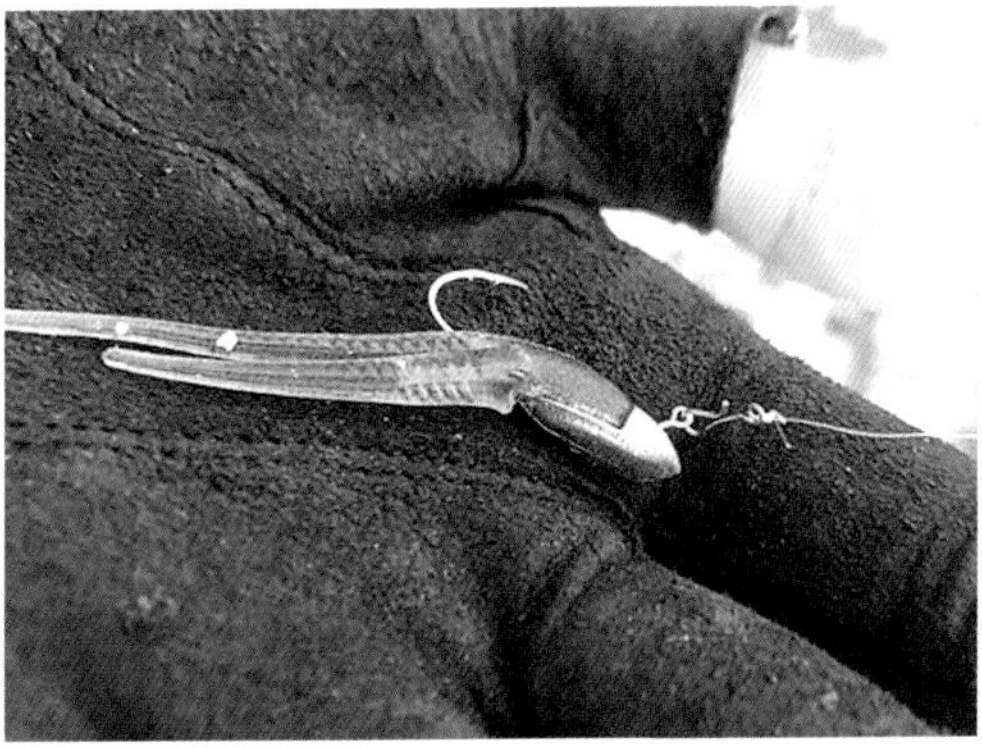

メタルジグヘッドも使ってみよう

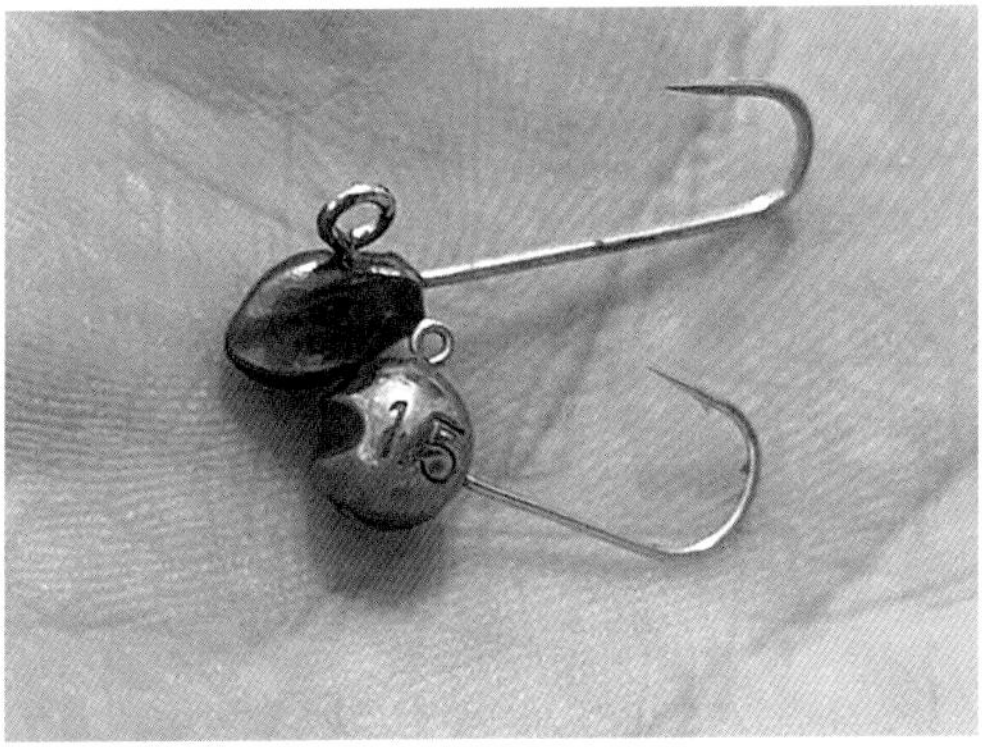

カッティングにも注目

ワームの種類&選び方

ライトゲームではワームを優先的に使用します。用語の説明も兼ねて、基礎知識から使うべきシチュエーション、カラーセレクトまでを紹介していきます。

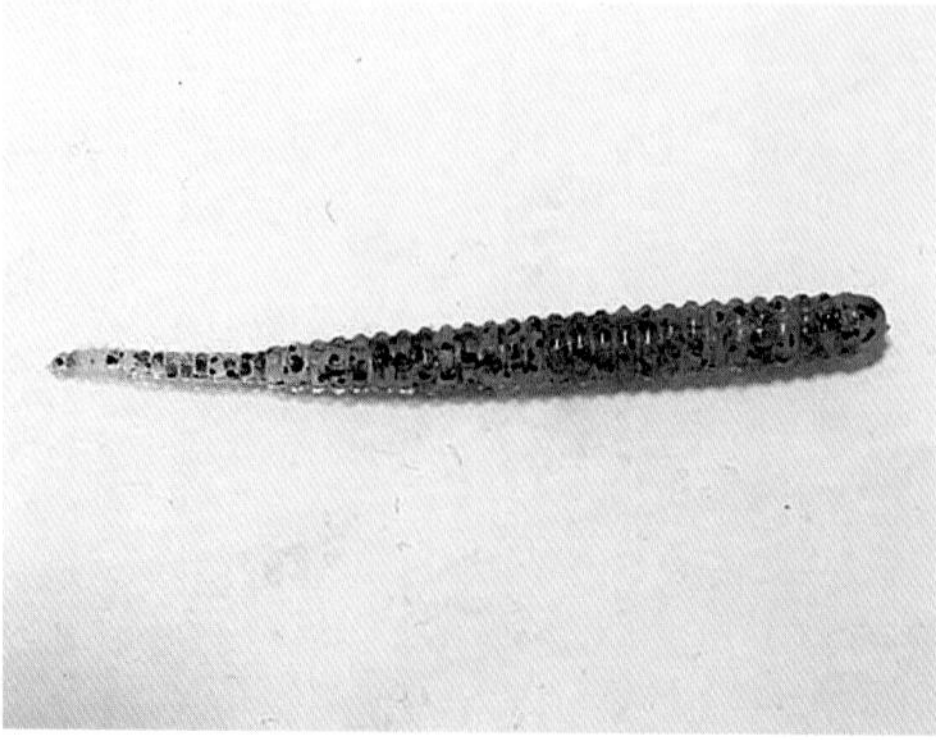
塩ビ素材のストレートワーム

素材

まずは、ワームがどのような素材でできているのか説明します。

塩ビ

もっともポピュラーなのは、塩ビ素材です。軟らかくてジグヘッドに刺しやすいのが特徴で、フグやベラなどの歯に耐えにくいという欠点があります。

エラストマー

少し変わった素材で、エラストマー系というものがあります。これはモチモチとした硬めの素材感で、ややジグヘッドに刺しにくい反面、フグやベラなどの歯に強いのが特徴です。

使い分けと保管

塩ビ素材のワームは、ナイトゲームや、フグやベラのいない海で使います。一方、エラストマー系のワームはフグやベラが多い海で使います。素材による魚の反応は、それほど変わりません。

2種類のワームは、保管に注意が必要です。塩ビとエラストマーは相性が悪く、同じワームケースに入れてしまうと、ドロドロに溶けて使えなくなってしまうので、エラストマー系は必ず購入したワームのパックのまま保管しましょう。

サイズ

次にワームのサイズについて説明します。

長さ

ライトゲームでは、1〜3インチ程度のワームを使用するのが一般的です。1インチ程度は魚が満腹状態の潮の上げ止まりに、1・5インチはベーシックに、2インチはサーチベイト的に（そこに魚がいるかどうか反応を見るために）、3インチは大型メバルや高活性のアジなどに対して使用します。

物感

ワームのボリューム＝物感。アジなどは、海にいるかどうか確かめるために、あえて大きめのワームを使うことがあります。「面」でアピールすることでバイトポイントが増え、アタるかどうか確かめられるというわけです。

通常ライトゲームは小さなリグを使いますが、アタリが出るかぎり、物感は下げすぎないことが大事。とくにオープンウォーターの密度の薄いアジの群れに打っているときなどは、その物感でワームを見つけてくれている可能性が高いからです。そしてバイトに至らないときは、ジグヘッドのシャンク長をやや長めにしてハリ掛かりしやすくする方法があります。

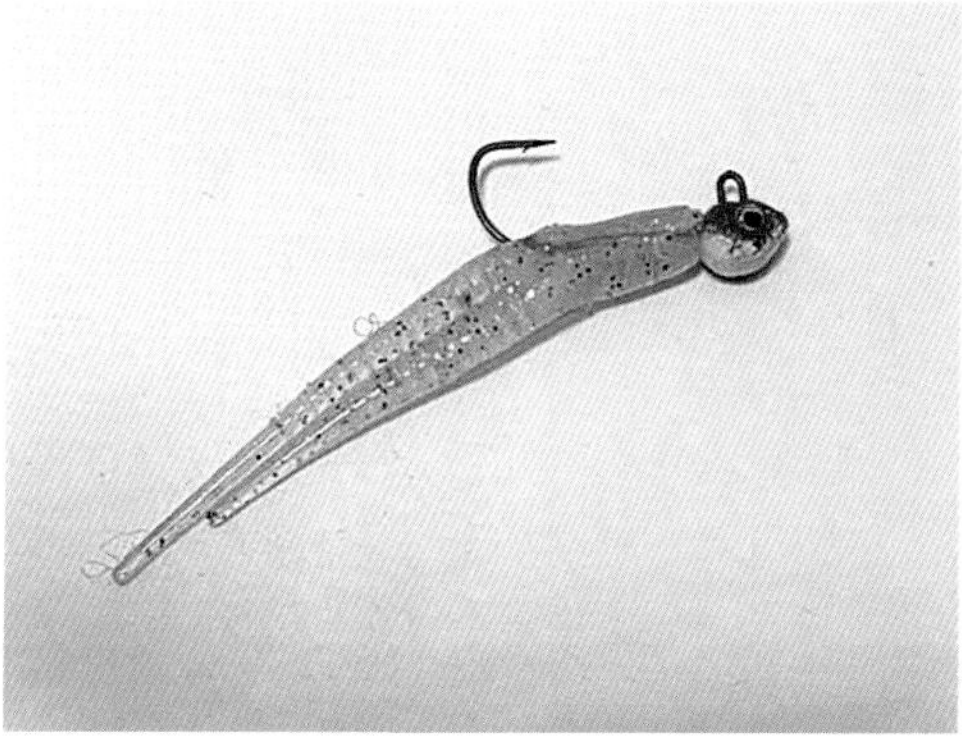
やや物感が強いワーム

カラー

ワームのカラーには、大別して次の2つがあります。

クリア系

ワームの向こうが透けて見えるカラーのことをクリア系と呼びます。これは色として透明なものにかぎらず、赤っぽいものでも黄色っぽいものでも、向こうが透けて見えればクリア系です。ライトゲームではひとまず無難なカラーで、反応もよく、多投してもスレにくいというメリットがあります。

ソリッド系

ワームの向こうが透けて見えないカラーをソリッド系と呼びます。アピールが強いので、魚にワームを見つけてほしいときや、高活性の魚に有効です。

その一方で、シルエットがかなりはっきり出てしまうため、多投すると疑似餌と見切られてしまう欠点も。ピンポイントで使うのがいいでしょう。

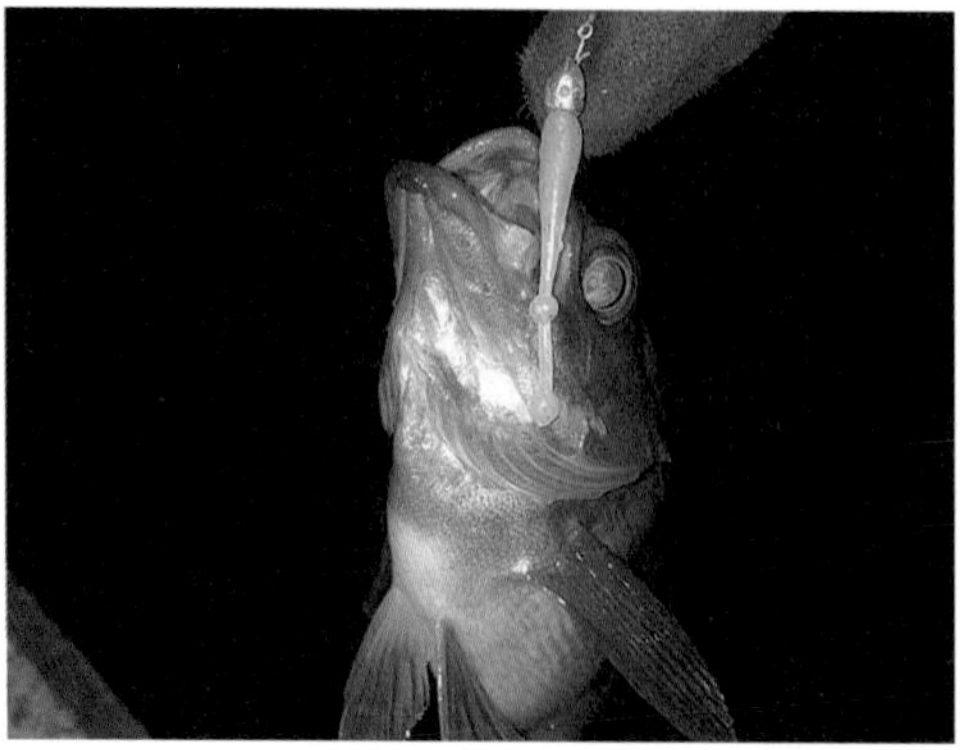

ソリッド系はピンポイントで

特殊色について

そのほかのカラーについて軽く触れておきます。

ラメ

多くのワームにはラメが入っています。このラメの色が微妙に魚の色覚を刺激するのか、タマヅメは赤ラメがいいなどの説があり、このあたりは釣り人のこだわりが出る部分です。

チャート系

主に蛍光色の派手な色。多くはピンク、白、黄色で、強アピールで魚を誘います。

グロー系

蓄光して淡く光るタイプ。微妙に光を放って存在感を示します。ナイトゲームには必須です。

2大「テール」

ライトゲームに使用するワームは「シャッドテール」と「ピンテール」または「ストレート」と呼ばれるものに大別できます。それぞれ水中での波動の強弱が異なり、釣果に影響するので、使い分けを覚えておきましょう。

シャッドテール

　クルクルとワームの尾がまわる、または震えるタイプの「シャッドテール」系に反応がいいのは、根魚です。とくに何にでも好奇心旺盛に食いついてくるカサゴは、クルクルまわるシャッドテールの波動に弱く、数を釣りたければ最初にシャッドテール、少しスレてからピンテールを投げると釣れ続けます。

シャッドテールに反応したカサゴ

　メバルもそうですが、根魚がシャッドテールを好むかどうかは、釣り人によって意見が分かれるところです。

　基本的にメバルはアミパターン、つまり食べているものがプランクトンで、静止した状態のワームをプランクトンと思って食いつきます。そのため、動きそのものでバイトを誘発するシャッドテールは適さないという考え方があるのです。

　また、根魚のなかでも目が利くメバルは、一発で波動の大きなワームは見切ります。つまり、シャッドテールは即スレてしまうわけです。初投で反応がなければ深追いはせず、ピンテールに切りかえるほうがいいでしょう。

ピンテール

　ワームの尾、テールの形がストレートの「ピンテール」または「ストレート」系は、スレた魚や、波動を嫌うアジやメバルに効きます。

　このタイプはリトリーブしてもアクションしませんが、そのナチュラルさにひかれて食ってくる魚がいる

ピンテールに反応したメバル

ので、巻きでも有効です。とはいえ、ピンテール最大の使いどころは、水中でプランクトンをイミテートする「止め」の釣りでしょう。

ポイントは、操作感がある範囲でなるべく軽量のジグヘッドに付け、水中で漂わせるように使うこと。完全に放置するようなドリフト釣法だと、ラインテンションが抜けてフッキングしないことがあるので要注意です。しっかりとコントロールしている感覚を持ち、ラインテンションを保ちつつ、神経を研ぎ澄ましてバイトを待ちましょう。

また、ピンテールはダートアクションとの相性も◎。水中でリグを左右にエビのように跳ねさせる際、尾の波動は邪魔になるので、後ろがすっきりしているピンテールのほうが適しています。

巻いてよし、漂わせてよし、アクションさせてよしのピンテールは、万能ワームと言えるでしょう。

ときに効果的なワーム2個付け

ある範囲で魚を釣りきってしまった、あるいはまったく反応しないとき、ワームを2個付けしてみると食ってくることがあります。

とくに真っ暗闇の中のオープンウォーターのように、「これが魚に見えているのかな……」と心もとないような状況では、チャート系のシャッドテールの2個付けがオススメ。モソモソしたアタリばかり出して食わなかったアジにスイッチが入り、突然釣れ始めることもあるので、ぜひ試してみてください。

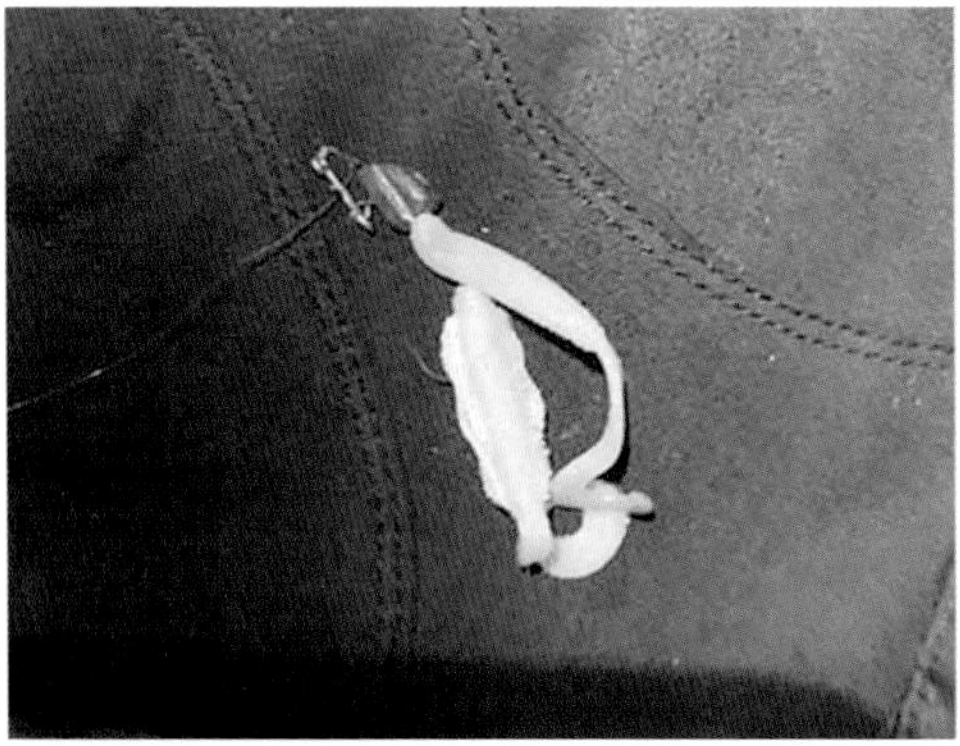
ときに有効な２個づけ

2種のワームで2段階に釣ろう

シャッドとピンテールは、波動の強弱を使い分けることが大切です。たとえばメバルならば、最初にシャッドを通し、その動きにスレてからピンテールを使うことで、同じポイントでも2段階に釣ることができます。

　アジも同様で、シャッドに反応するときは強い波動のリトリーブで釣り、そのあと、よりナチュラルに誘うレンジキープにストレート系を投入するという2段階の釣り方があります。

　尾の形状が異なる2つのワームを釣り場に持ち込むことで、多く釣れるときもあれば、渋いときに何とか1尾ひねり出せることも。シャッドとピンテールの使いどころを理解すれば、釣果アップにつながることでしょう。

カラーセレクト

　ライトゲームで、ワームのカラーは重要な要素です。ここでは、シチュエーションに応じてどのようなカラーをセレクトするべきなのか解説していきます。

シチュエーション別に選択を

　海の条件は、地方・地域によってかなり違います。たとえば、同じ湾内でも、一方の港では濁りが強く、ベイトフィッシュは河口域以外ではほとんど見られません。ところが、もう一方の港では、水質は透明に近く、ベイトフィッシュの姿も数多く見える、なんてことがあります。

　このような明確な差があると当然、投入すべきワーム（またはリグそのもの）が変わってきます。状況に応じたカラーセレクトは、基本の「キ」です。

クリアな水質

水色によるカラー選択

まず、水色によるカラーセレクトについて説明します。

シンプルに、透明に近いほどクリア系が効き、濁りがあるほどソリッド系や、クリアでもラメが多いものが効きます。ただ、海は濁りがあっても底にいくほど澄んでいるものなので、レンジを入れて釣る場合には、クリア系が効きやすいでしょう。

ソリッド系やチャート系は、それぞれのパターンだと確信できるとき以外は、優先的に打つことはほとんどありません。最初にクリア系の軽いものを見せて、ピンポイントでソリッドを打つ。これがある程度の差がある水色の範囲内でも、ベースとなる考え方です。

常夜灯色によるカラー選択

常夜灯下は、プランクトンパターンとなりやすい定番の場所です。そして、その常夜灯にはオレンジ系のものと白系のナトリウム灯、２つのカラーがあります。

ワームのカラーは、一般的にその光に溶け込むような色がいいとされています。オレンジ系ならば赤系やオレンジカラー、「アミ系」として出ているカラー。白系の常夜灯ならば、クリア系から始めるのがセオリーです。そのうえで、クリアから始めてラメ、淡い色がのったものを投げるのが通常の順番となります。

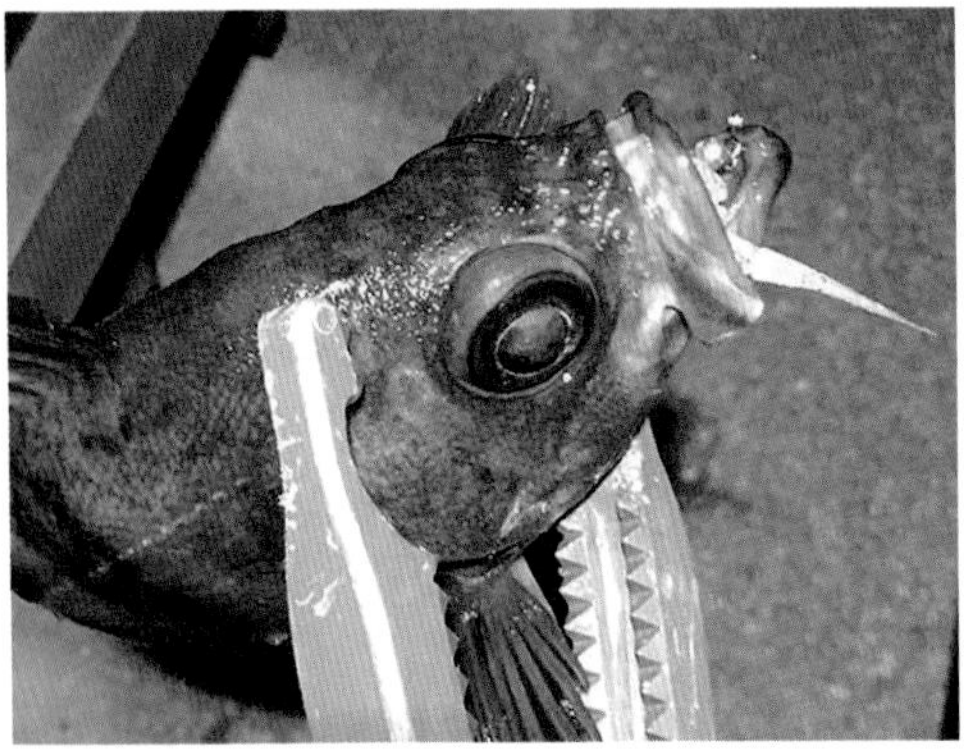
白系が好きな魚は多い

ただ、白系の常夜灯には羽虫が集まりやすく、落ちた羽虫を反射的に食ってくる「落ちパク」が、アジでもメバルでもよくあります。とくにライズしているような場合には、ホワイトカラーでシルエットを際立たせて表層「落ちパク」を狙って釣るのもありでしょう。

オープンウォーターは？

海の前面、つまりオープンウォーターに向けてアジやメバルを探る場合、デイゲームに関しては地域に関係なく、クリア系がいいと言われています。濁りがあるときでも、カラーでなく、ラメで多少目立たせるくらいでOK。そもそもアジやメバルは日中に活性が高い魚ではないので、クリア系で釣れたらラッキー程度に思いましょう。

一方、ナイトゲームは、地域性がモロに出ます。釣具店などでワームを選ぶ際、当たりカラーの情報をアドバイスしてもらうといいでしょう。

無難なところを挙げると、ハーフクリア・ハーフソリッドくらいの、どっちつかずのカラー。そしてラメが入ったグロー系が、魚を嫌がらせることもなく、活性が中程度以上ならほぼ確実にアタります。

オープンウォーターに打つときに大事なのは、ワームのカラーよりも、むしろ物感、ボリュームです。早い話、魚に見つけてもらわなければ釣りにならないので、2インチ前後の若干ファットなワームで「面」を見せ、魚がアタックしてくるバイトポイントをつくりましょう。

捕食パターン別

最後に、アジやメバルが捕食しているものに合わせたワームカラーの選び方を紹介します。

プランクトンパターン

プランクトンは通常ほとんど色というものがなく、また密度にもよりますが、基本的に「点」のようにしか見えません。したがって、クリア、そしてクリアラメ系がベースとなるでしょう。

ベイトフィッシュパターン

小魚を食べているアジ、メバルには、ソリッド系が効果的。見切られてしまうときはクリア系にチェンジして、ヘッドウェイトで調整するといいでしょう。少し重めにして、縦や横にファストな動きでレンジを攻めると釣れやすいです。

ベイトフィッシュパターンではヘッドウェイトも大事

「ダート」って何？

アジ、メバル、カサゴなどの魚種を狙うライトゲームでは、ダートアクションで魚をよく誘います。いわゆる「ダート」がどのようなものなのか、またどんな場面で有効なのか解説します。

ダートアクション

「ダートアクション」とは、リグを左右に跳ねさせるような動きのこと。小エビの動きをイミテートしたり、すばやい動きで魚に反射的に口を使わせるアクションバイトの効果もあります。

ダートアクションは、次のような場面で効果を発揮します。

アジ

デイゲームで魚がボトム付近に着いているとき。また、小エビがメインベイトとなっているような岩礁帯のデイ&ナイト。そして、アジが高活性で大きいアクションに食いつくマヅメ時。

ほかに、ナイトゲームで、どこに群れがいるかわからない状況でオープンウォーターに投げ、ハイアピールな動きで魚にリグを見つけてもらいたいとき。また、スレきって着き場所が後退した群れに遠投し、「最後の数匹」を釣りたいときにも有効です。

メバル

デイゲーム、ボトムでのワーミング。

カサゴ

デイ&ナイト、ボトムでのワーミング。ただし、夜はまったく反応しないこともあります。

ジグヘッド形状でキレが決まる

ダートアクションの肝といえば、何といっても左右に飛び跳ねる動きの「キレ」。そして、キレを決めるのは、ジグヘッド形状が8割と言えます。ダートアクションを演出したいなら、適した形の専用ジグヘッドを入手したいものです。

もっとも一般的な専用ジグヘッドは、ナマリ部分が尖った三角、やじり型になったものでしょう。このタイプが、一番キレがいいです。

また、ラウンド型のナマリ部分が球状のジグヘッドでも、先端部分に微妙なカッティングを入れて水受けをつくり、やや抑えぎみのダートアクションができるものや、ナマリ部分が口を開けたような変り種もあります。

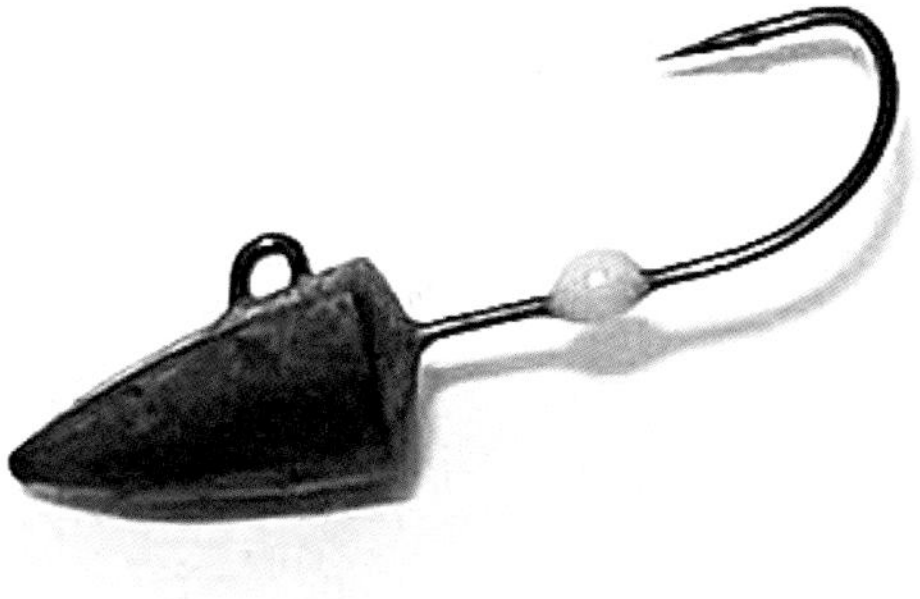
ダートアクションに適したやじり型ヘッド

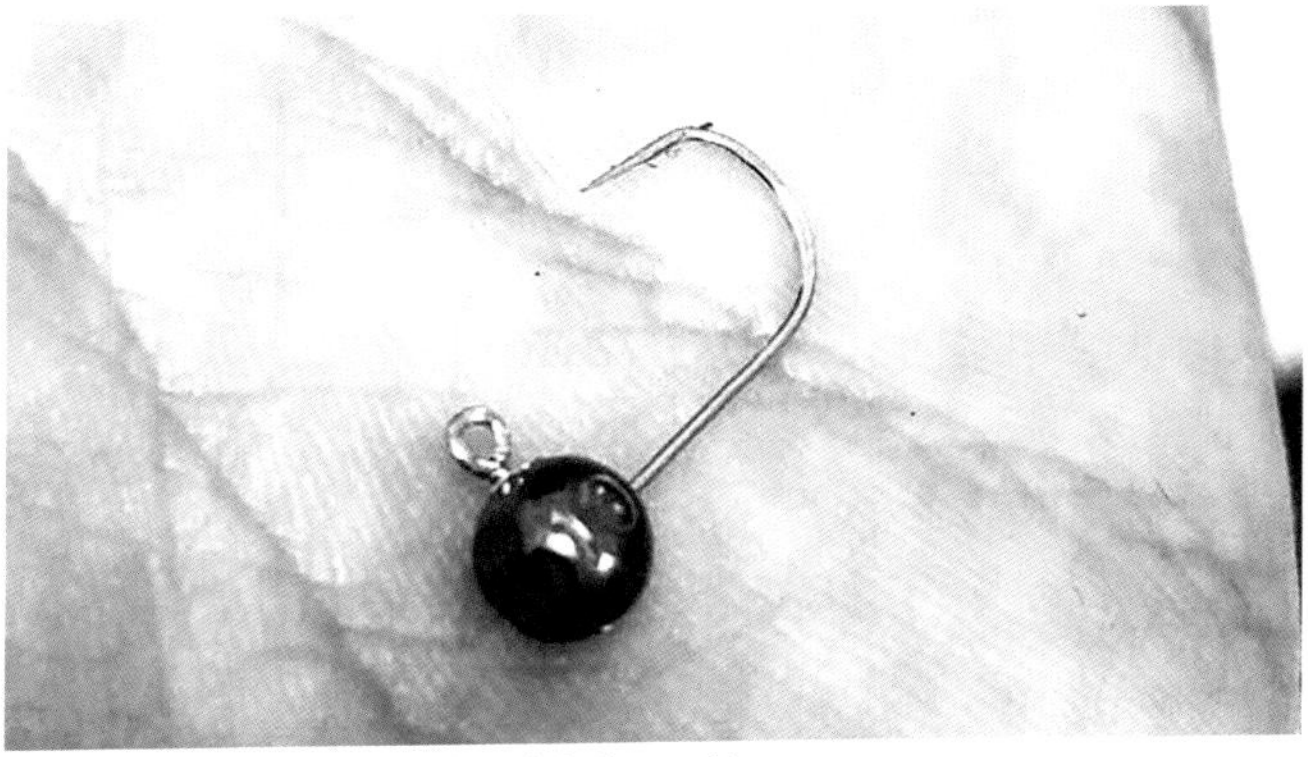
ダートするよう先端部分が細工されたヘッド

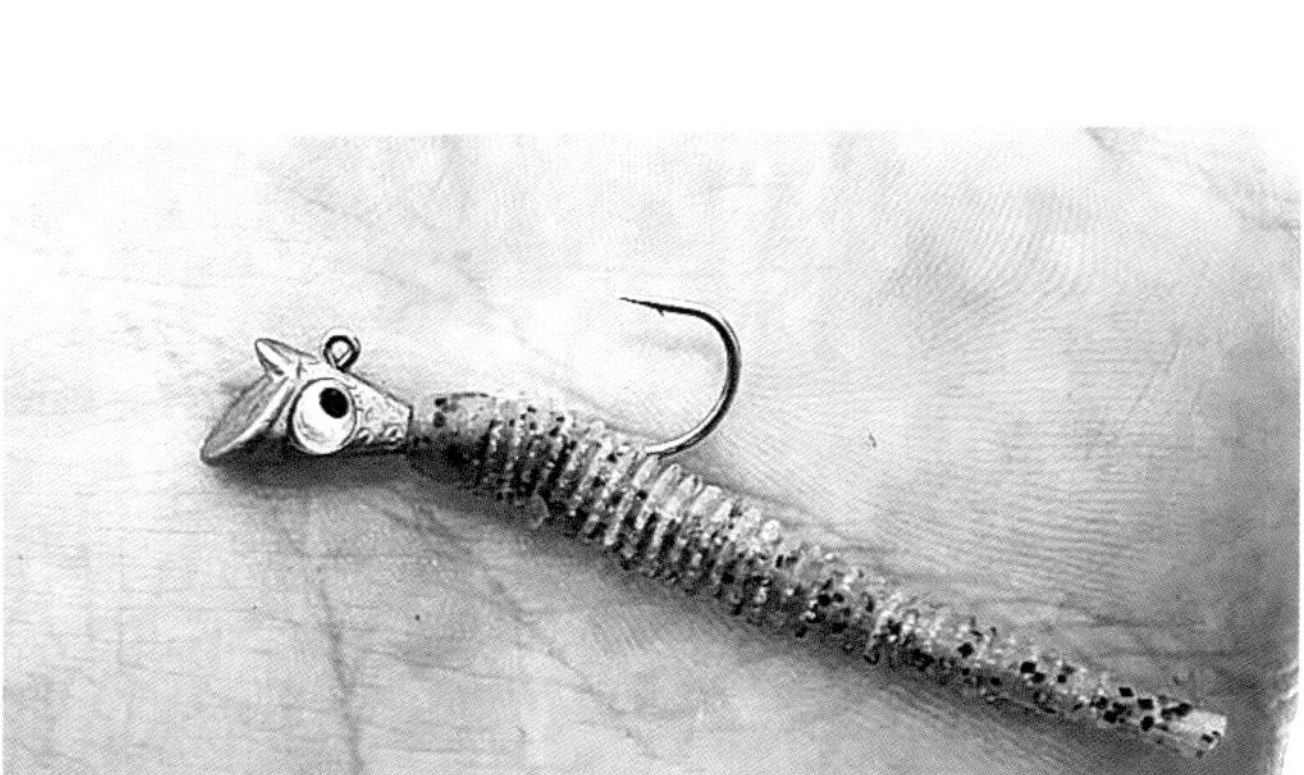
変わった形状のダートアクションヘッド

キレはデイの視認が効く状況で確認しておくことが大切です。とくにナイトゲームで底をとる際には、沈下速度と、どのようなキレをしているのか、しっかりイメージをつくっておかなければなりません。弱めのダートから強めのダートまで、操作の手数を持っておくことが釣果を伸ばすコツです。

ダートアクションの基本操作

具体的にどのような操作でダートアクションをするのか、確認していきましょう。

竿先のアクション

もっとも簡単なのは、竿先を上下に動かすアクションです。一度か二度、簡単にちょんちょんと竿先を動かして、そのあとリグを元の水深までフォールさせ、ラインのたるみをとってふたたびちょんちょん、を繰り返します。

ちなみに、ラインの距離による伝達力の関係で、リグが遠方ほど大きく、近くにあるほど小さく動かすほうが、ほどよいキレのダートが演出できます。

リーリングでのアクション

強めのダートアクションには、リーリングでのアクションを推奨します。スピニングリールのハンドルを上から下に、一瞬力を入れて押し込むような動きをすると、ロッドもそれに追従して自然に上下するので、これを繰り返します。

ただ、このアクションは1回のダートにつきハンドルを1回転させるため、ラインを多く巻きとってしまう欠点も。ドラグを緩めに設定し、ダートさせると同時にドラグが滑って「ジジッ」と音が鳴り、やや海中にラインを残すイメージで巻きとり量を調整するといいでしょう。また、リグが浮きすぎたと思ったら、ベールを返してレンジを入れ直しましょう。

ワームはピンテール推奨

ダート型ジグヘッドに合わせるのは、基本的にピンテールのワームがオススメ。クルクルとまわるシャッドテールは、ダートのキレを妨げ、ハイアピールになりすぎて見切られやすいからです。尾の形状がストレートなピンテールワームを用意して、ヘッドと組み合わせましょう。

「ドリフト」は何もしない釣り？

ライトゲームで近年よく聞かれる「ドリフト」という言葉。軽量リグを潮になじませ、ふわふわと漂わせて釣るドリフト釣法を身につけると、釣果は飛躍的にアップします。

ちょんと誘いを入れた直後に食ってきたアジ

ドリフト釣法とは？

ドリフト釣法とは、エステルライン運用が前提で、軽量リグを潮になじませて漂わせ、魚に見つけてもらう釣り方です。

一連の手順は以下のとおり。

①キャスト
②着水、ラインを任意のレンジに送り込む
③ラインのたるみを回収
④任意のレンジを外さないように、あるいはあえて外したり沈めたりしながら漂わせる
⑤ラインのたるみを回収
⑥ちょん、と軽い誘いを入れると同時に、リグが海中のどこにあるか確認

アタリは、このプロセスなら④、⑥で出ることがほとんど。水なじみのいいエステルラインのテンションを張っておけば、自動的にハリ掛か

ただ放っておいて釣る

りするので、自分でアワセなくてもOKです。

軽量リグをラインのたるみだけとり、あとは放っておく。何とも適当、放任主義的な釣りですが、これがよく釣れます。

ノーアクションか微アクション

ドリフト釣法を極める釣り人は、びっくりするほど本当にいっさい何もしません。粛々と静かにラインのたるみだけをとり、忍耐強くリグを漂わせます。

入門者の場合、まったくのノーアクションはさすがに不安になるでしょう。1尾、2尾と釣れて再現性が見えてくればともかく、「何もやらない」という釣りではなかなか集中力が保てません。リグの所在を確かめるうえでも、慣れてくるまでは竿先で軽くちょんと微アクションを入れてやると、釣っている感を持って操作できるでしょう。

ヘッドウェイトとレンジ

ドリフト釣法は、ヘッドウェイトの選択が悩ましいところ。たとえば、潮がそこそこ動いていて水深もある状況で、0・8グラムを3分くらいドリフトさせていると、想定外のタイミングで根掛かってしまったり、その前に根魚が食ってくることがあります。つまり、まったくの「放っとけ」では、うまくいかないのです。

しかし、釣り方のセオリーとしては、まったくの「放っとけ」でないとドリフト釣法とは言えませんし、アクションの加減次第でせっかくワームを見ている魚に見切られてしまうかもしれません。

うまくリグをハンドリングするためには、着底しないヘッドウェイトで、時間を決めて釣るのがポイント。

ドリフトで出たアジ

0.2g ドリフトで産卵後のアジをキャッチ

たとえば水深3～4メートル程度ならば、0・2グラムで投げて、その範囲を2分釣る。次に0・4グラムの範囲で1分釣る。そして、反応がなければ場を変える、といった具合です。

ドリフトは潮に任せる釣り方なので、潮が動いていない、波がない状況ではそもそも成立しづらいところがあります。また、アジやメバルも潮にからむので、動いている潮を見つけて、そのなかを漂わせて魚に見つけてもらうイメージで釣るといいでしょう。

0・2グラムと0・6グラムを基準に

ドリフト釣法では0・2グラム、0・6グラムが一般的に基準となるヘッドウェイトです。手前0・4グラム、沖0・8グラムのほうがやりやすいのですが、ドリフトさせすぎていると根につかまってしまうので要注意。手前0・2グラム、沖0・6グラムと気持ち軽くしてドリフトさせるほうがいいでしょう。

そして、リグがふわふわ漂っているような状態を意識すると、それが潮の中でナチュラルに溶け込んでいるアミに見えて、アジやメバルが口を使ってきます。

メンディングとレンジの意識を

ドリフト釣法はレンジキープ釣法と似ているようでまったく違います。

レンジキープは、釣り人主導なので、手元に感触があり、狙うコースがあります。つまり、釣りに「意図」があるわけです。

一方、ドリフトは「放っとけ」。とはいえ、最低限のリグ管理の意識は持ちたいものです。

ラインのたわみの回収、ラインメンディング。また、アタリの出方や、どこでアタったかを確かめるために、ラインとリグの所在（自分から見た方向・距離・レンジ）に神経を研ぎ澄ませたうえで放っておきましょう。

「明暗」の打ち方

陸っぱりの夜釣りでは、明暗ポイントが一級の釣り場となります。とりわけアジ、メバルを簡単に釣ろうと思うなら、常夜灯下の明暗は狙い目。釣果を伸ばす打ち方を説明します。

常夜灯の光でできた岸壁際の明暗の境目

明暗とは

夜釣りでは、慣れないうちは明るいところを釣りたくなるものです。そこで頼りになるのが、漁港などの常夜灯下。漁業関係者に迷惑をかけずに釣れるなら、ぜひエントリーしたいポイントです。では、常夜灯の「明」「暗」とは何を指すのでしょうか。

海面に常夜灯の光が当たる部分を「明」、当たらない部分や影になる部分を「暗」と言います。また、たとえばガソリンスタンドのライトが海面にこぼれて、「明暗」を形成することもあります。

光が明暗をつくっているポイントでは、魚がプランクトンをメインベイトとする捕食パターン（＝プランクトンパターン）になっていることが多いです。そのため、ワームをゆっくり見せて、プランクトンをイミ

スタンドの横の「明暗」ポイント

明暗の明でアジ

テートする動きで誘うのが釣果を伸ばすコツとなります。

　それを踏まえたうえで、「明」と「暗」それぞれで狙えるターゲットと打ち方を紹介しましょう。

明暗の「明」でアジ

　明暗の「明」では、アジがよくヒットします。サバなどの小型回遊魚が交じることも多く、秋〜初冬は数も型も狙えます。アジングは、ライトゲームのなかでも特殊な世界を持っていて、むずかしいときは本当に反応がないので、この時期に「明」を打って感覚をつかみましょう。

　回遊魚のアジはつねに泳ぎ続けるので、小さな体に大量のエネルギーを蓄えようとします。そのため、捕食を休むタイミングがほとんどなく、満腹近い状態になっても、体力を予備的にチャージするために少しでも食べておこうとする習性があるようです。多少アタリが遠のいても「まだ釣れる」とあきらめず、小さめ、またはクリア系のワームを駆使して数を伸ばしましょう。

明暗の「暗」でメバル

明暗の「暗」に集まるターゲットの代表格はメバルです。アジと比べて警戒心が強く、「暗」に隠れて潜み、表～中層くらいのレンジで壁際に漂ってくるプランクトンを捕食しています。

そのため、常夜灯下は鉄板ポイントになるわけですが、そう簡単に釣果を伸ばせないのがメバルのむずかしいところ。常夜灯は釣り人の影を水面に映してしまい、その気配を嫌うことに加えて、メバルは一度見たワームやプラグは食ってこない習性があるため、粘っても釣れないのです。

また、アジが入っていると、メバルは壁に張りついてしまうので、コースをタイトに打ってもなかなか食ってきません。

逆にアジが入っておらず、活性が高いときは明暗の「明」でも釣れるので、そういう場合はプラグでまず反応のいい個体をキャッチ、スレたらワームに切りかえて数を稼ぎましょう。

高活性時はまずプラグやメタルで獲る

基本のパターンにとらわれず

夜のライトゲームで明暗ポイントが一級の釣り場であることはたしかですが、「明」＝アジ、「暗」＝メバルと決め打ちしたり、釣り場も常夜灯下にこだわる必要はありません。とくにメバルは、真っ暗闇のポイントを狙ったほうが釣果が伸びることもあります。

また、プランクトンが壁まで潮に押されたり、地形変化で潮流がクッションすると、アジは明暗が逆転し、着き場所が岸壁際になる「壁パターン」になることがあります。基本パターンにとらわれず、状況に応じてフレキシブルに対応しましょう。

PART.2

アジング

PART.2
アジング

アジを狙う『アジング』ってどんな釣り?

ライトゲームのターゲットとして人気のアジ。回遊魚ゆえの当たり外れはあるものの、タイミングと釣り方さえまちがえなければ、手軽に数釣りを楽しむことができます。

ジグ単でアジ

アジングって何?

アジングとは、アジをルアーで釣ることです。ほとんどの場合、ジグヘッド単体、通称「ジグ単」と呼ばれるワームとジグヘッドの釣りと考えていいでしょう。陸っぱりのアジングといえば、98パーセントがこの仕掛けです。

ただし、アジングでは、ジグヘッドの重さが1グラム以下という、入門者にとってはちょっと信じがたいような軽さのリグを使います。

たとえば、目の前にある程度群れの密度が濃いアジがいるのに、2グラムのジグヘッドで釣れないとすれば、それはジグヘッドの重さが関係していると考えられるでしょう。

アジングでは、ジグヘッドは基本的に「より軽く」が鉄則です。

タックル

タックル=ロッドとリールの組みは、アジングでは重要度の50パーセント程度を占めます。あとの50パーセントは、ラインの細さと、リグの軽さです。トラウトタックル、メバルタックルなどは流用可能ですが、やはり専用タックルが釣りやすいでしょう。

基本となるタックルは、次の通りです。

ロッド（竿）

5フィート台後半～6フィート台前半で、穂先がやや軟らかめのUL（ウルトラライト）表記推奨。

リール

スピニングリール1000番。ラインはエステルライン0・3号を推奨。

ポイント&釣り方

「秋」「夜」「常夜灯下」という3条件がそろえばベスト。

アジは夕方から夜にかけて活性が上がり、小魚やプランクトンを捕食対象として、漁港などに接岸してきます。そしてプランクトンは、常夜灯の光によって光合成して増殖し、そのままアジのベイトになったり、アジのベイトとなる小魚を引き寄せます。

アジングタックルの一例

絶好のシーズンは秋です。どの地域でも秋がもっとも釣れやすく、厳冬期はむずかしく、3月くらいまでは釣りづらくなります。そして、4月はアジの産卵期。「荒食い」と呼ばれる産卵前の体力チャージの回遊に当たれば、20センチ後半の大きなサイズを狙うこともできます。

6月ごろからは、産卵されたアジが孵って、いわゆる豆アジのシーズンに入ります。豆アジは小さくて釣りにくいのですが、そのむずしさがいい練習となり、ここで感触を身につけておくと、秋に数釣りを楽しむことができます。

また、アジには適水温というもの

があり、15～23度前後までは、接岸した状態でとどまることがあります。さまざまなツールを活用して水温をつねにチェックし、常夜灯下に足を運べば、通年、釣れる期待も大です。

春、常夜灯下のアジ

細いラインで釣果アップ

アジは 25cm 級でも 160g 程度

アジングでは、ラインを細く、リグを軽くすることが、釣果に直結します。エステルライン0・2号で0・8《グラム》のジグヘッドを基準に、なるべく軽くして釣るというのが、入門者でも釣りやすい設定です。

強度が低いエステルラインは、細くなるほど切れやすくなりますが、0・2号といえば1lbあり、450《グラム》の負荷に耐えられます。これは30《センチ》までのアジの引きと重さならば、まず切れることはない強度です。

ただ、0・2号となると、ショックリーダーの結束が必須です。「3・5ノット」など簡単なノットでかまわないのでマスターしておきましょう。

リーダーの結束がストレスになるのであれば、0・3号のエステルラインをそのままジグヘッドのアイに結んでしまってもかまいません。熟練者のなかにも、こういう「直結派」は少なからずいるようです。

適切なドラグ設定

強度の低いエステルラインを使ううえで、必ず使用しなければならないのがリールのドラグ機能です。

ドラグとは魚の引きなどに追従してラインが出ていくリールの機能で、スピニングリールの場合、リールの頭部分のドラグノブをまわして調整します。

ドラグノブを反時計回りに数回まわして、ラインをちょっと引っ張り、ラインがするっと出ていくような設定にしておけばOKです。これでアジの引きで切れる心配はほとんどありません。

ドラグを適切に設定していれば尺級が掛かっても安心

春夏秋冬の「シーズナルパターン」

アジは周年釣れる魚ですが、オフシーズンと考えざるを得ない渋い時期もあります。本項では、適水温などから春夏秋冬のパターンを考えてみます。

アジングの適水温

アジの適水温は15〜23度前後だと言われています。

アジは人間の1度を4度前後に感じるそうで、これ以上暖かくても冷たくても極端に反応が悪くなるナイーブな魚。それでも陸っぱりのアジングの場合、回遊のルートにさえ入っていれば、12〜25度前後まではアジは食ってきます。

しかし、基本的に回遊ルートは適水温に乗りながらの動きなので、そもそも沿岸が適水温になっていなければ、無情なほど回遊がまったくないのが実状です。

また、適水温から外れていないのに、その適水温の範囲でより快適な適水温に乗って、沖にとどまっていることもあります。適水温でも回遊ルートになるとはかぎらないのが、むずかしいところです。

春夏秋冬パターン

アジの動きを見極めるのに、ある行動パターンが参考になります。それは、産卵と成長と越冬。この3つの要素から、春夏秋冬、アジがいる場所をある程度絞り込めます。

春

春はアジの産卵時期にあたるため、一部のアジが適水温の海域に接岸。群れの密度は薄いですが、うまくすれば、成長しきった大アジが狙えます。九州や四国のアジングが盛んな場所では、マヅメに40㌢超えを連発するそうです。

春は数釣りを楽しめる時期ではありませんが、適水温の「新月」「大潮」「常夜灯下」という条件で、大型を狙ってみましょう。

夏

夏はアジの子が孵り、10センチ程度の豆アジが常夜灯下に散らばる季節。終盤になると15センチくらいまで成長し、比較的釣りやすくなります。

豆アジはアジングの練習に格好のターゲット。「新月」「大潮」「常夜灯下」と条件がそろったときに、プランクトンをガツガツ食べている高活性の豆アジを乗せ掛けしに出かけましょう。

夏は豆アジをうまく釣ろう

近年、陸っぱりは適水温を外れることが多く、アジが接岸しないため、豆アジの数釣りチャンスも減少傾向です。沖で群れていると大型魚に食われてしまうため、個体数が相当減っているという話もあります。その背景には、温暖化による悪循環があるのかもしれません。

秋

ようやく最盛期がやってきます。10～12月初頭にかけては、アジングがもっとも熱い時期。成長したアジが接岸してきて、場所によっては終夜釣れ続けます。

春に大型を釣り上げたノウハウ、夏に繊細なアタリを掛けたスキル、そして冬の限定的なパターンを攻略した自信。それまでの経験を総動員して、秋はすべてのアジを釣る意気でいきましょう。

アジングは秋がベストシーズン

冬

冬はアジングのオフシーズン。水

活性が高く、群れの密度も濃い秋はアジングデビューに最適な季節

温が12度あれば豆アジくらいは何とかなる日もありますが、1月、2月は本当に厳しく、水温が10度を下まわったらほぼ釣れません。

成長したアジは、冬になると基本的に沖の温かい潮に乗っていて、産卵のための接岸してくるのは春。アジングで反応を見るのは、絶好の場所で1時間程度にとどめ、それでダメならメバルやカサゴなど、ほかのターゲットに目を向けましょう。

経験値を秋にフィードバック

アジングのベストシーズンは秋。それまでに得た経験からベストなセッティングを組んで、すぐ手前に接岸してくる若くて反応のいいアジの数釣りを楽しみましょう。一晩100尾が目標です。

アジが「たまる」ポイント探しの極意

アジは漁港内や海の各所にとどまりますが、どこに投げても釣れるわけではありません。釣果のカギを握るポイント選定について解説しましょう。

常夜灯は定番ポイント

定番の「常夜灯下」

アジはプランクトンをメインベイトとしています。そのため、光に照らされて海中にプランクトンが次々に発生する常夜灯下は、アジが群れで入ってくる格好のポイントとなるわけです。

アジがスレている場合

ナイトアジングでは、常夜灯下はこれ以上ないホットスポットと言えますが、むずかしい日もあります。それは、先行者がいて、場がスレてしまっている場合です。

そのようなときは、オーソドックスな釣り方ではアタりません。粘りすぎると時間だけがすぎていくので、常夜灯から少し離れた「明暗の境」のようなポイントに入りましょう。やや警戒心が高いものの、まだワームを見ていない個体が残っていることがよくあります。

常夜灯でオススメのワームカラー

常夜灯下は、ただでさえスレやすいので、静かに、ナチュラルに釣るのが鉄則。オススメはクリア系のワームです。

コーナー&堤防のキワ

波止のコーナーや堤防の手前側、いずれも「キワ」になりますが、ここもアジがたまるポイント。海流で流されたプランクトンが波止のキワに漂着するため、魚が着くのです。

コーナーや堤防の手前側にもアジはつく

ただし、キワには根魚やクロダイ、シーバスなどが居着いていることも。多くの場合、大型ゲストの活性が高ければアジの活性は低く、そうでなければアジとメバルは同じポイントで混泳します。

ポイントに入ったら、まずは活性を探り、大型魚がおとなしいようならばそこで釣ることに決め、次にメバルと釣り分けられるレンジを探しましょう。

波止・テトラ・真っ暗闇のポイント

常夜灯やコーナーなどの変化がないポイントにも、アジは回遊しています。極端な話をすれば、海のどこにでもいるといっていいくらいなのですが、問題はその群れの密度です。

密度が濃く、活性の高いアジが着くのは、プランクトンの塊がある場所です。では、目で見えないプランクトンを探すには、どうすればいいのでしょうか。

浮きゴミや気泡がヒントになる

ヒントとなるのは、浮きゴミや気泡です。プランクトンはみずから動く力がないため、潮流に乗って漂うだけ。それは浮きゴミや気泡も同じで、両者は同じ場所に滞留します。

そこにアジが着くというわけです。

波止でも、テトラでも、真っ暗闇のポイントでも、そこに浮きゴミや気泡がないか確認して打ってみましょう。何の変哲もないポイントで、アタリが連発することもよくあります。

ちなみに、そのようなポイントでは、ワームはグロー、チャート系の色がよく効きます。

デイアジングのポイントは？

ナイトアジングよりも、格段に難易度が上がるデイアジング。しかし、重点的に打つべきポイントを押さえれば、それなりに釣果を得ることができます。

まず、アジが回遊魚であるという事実に立ち戻り、潮通しのいいところを狙ってみましょう。そこに回遊してくる個体の前に、何とかリグを持っていくイメージです。

また、夏の日中、アジは適水温の場所に入るため、船などのシェード（陰）に潜んでいることがよくあります。そのようなポイントも、あれば打ってみるといいでしょう。

潮通しのいいポイントを選ぼう

少々邪道に感じるかもしれませんが、サビキ釣りをしている人の隣にお邪魔させてもらうのもひとつの手です。その際は、お互い気持ちよく釣りを続けるために、横に入らせてもらってOKか確認しましょう。

ポイントを絞って釣果アップ！

アジは海中を広く回遊している魚で、漁港にエントリーすれば、そこにアジが1尾もいないということはまずないでしょう。しかし、だからといって簡単に釣れるわけでもありません。

爆釣の秘訣は、やはり密度の高いポイントを探して釣ることです。ポイント選定の基本は夜の常夜灯下ですが、そのほか場所を絞って、アジングを楽しみましょう。

PART.2
アジング

「アジはレンジを釣る」の意味とは？

「レンジ」とは釣りでよく聞く言葉ですが、「水深」や「タナ」という意味。正確なレンジ把握は、釣果を左右する重要なカギと言えるでしょう。

尺アジ級をゲット

レンジとは

船釣りなどでは「水面から／底から○《メートル》」と言われることが多いレンジ。しかし、アジングではそのような水深の考え方をせず、表層・中層・ボトムと分けるか、カウントダウンして、たとえば「5のレンジ」と言ったりします。

リグを投入して頭の中で数字を数えることを「カウントダウン」と言います。アジは一定の水深に群れていることが多いので、カウントダウンしてアタリがあったレンジを重点的に攻めることが攻略のカギです。

どのレンジにアジがいるかは、その日、そのときの状況によって異なります。そのため、「前に来たときは10のレンジに着いていたから、今日も10のレンジを重点的に」という考え方は通用しません。以前アタッたレンジをベースとして考えること自体はまちがっていませんが、何より大切なのは、その日アタるレンジを見つけて、的確に攻めることです。

カウントダウンの方法

カウントダウンは、1カウント＝1秒である必要はありません。自分の頭の中で数えるリズムで、1、2、3……と刻めばOKです。大事なのは、刻み方が一定であること。一定のカウントダウンによってレンジを正確に把握することで、アタッたところを重点的に攻められるようになり、その結果、そこで連発させられるようになります。

「たまたま釣れたけれども、どこのレンジで釣れたのかわからない……」というときは、釣れたときの挙動を思い出してみましょう。表層・中層・ボトム付近など、大まかな情報があるだけでも、次のキャストのヒントになります。「釣れたときと同じことをやる」ことによって、再現性のある釣りが可能になるのです。

レンジ別のジグヘッド重量

アジングでは1グラムアンダーが基本となりますが、レンジを把握するのにオススメの重量を紹介します。

・潮がそこそこ効いていて、水深もあるポイント＝1・3グラム前後

・静穏な波止のような場所で、水深がある程度あるポイント＝0・8グラム

・水深1メートル以下のシャロー＝0・4グラム前後

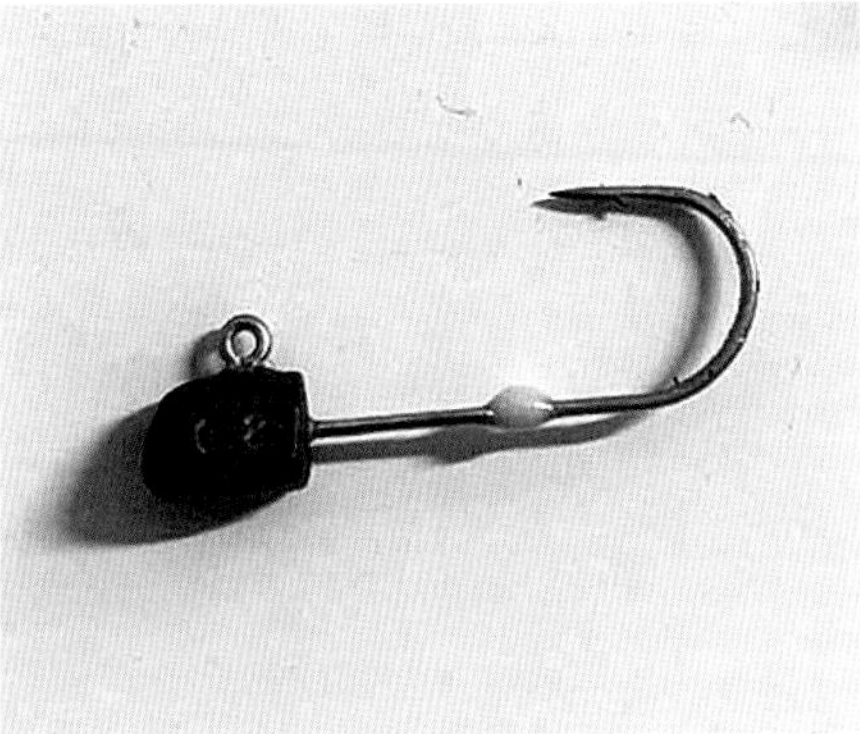

汎用性の高い0.8gのジグヘッド

ちなみに、アタリさえあれば、基本的に軽いジグヘッドのほうが食わせやすいです。アジはエサを「吸い込む」系の食べ方をする魚で、少しでも捕食の対象が重いと、うまく口の中に入りません。わずか0・1グラム、0・2グラムという違いでも、なるべく軽いものを使いましょう。

状況ごとのレンジ

どんなポイントでも、上からカウントダウンして攻めるのが基本です。しかし、海の状況によっては、「ここを重点的に攻めたほうがいい」ということもあります。たとえば、次のようなケースです。

・潮止まり＝表層とボトム

理由：アジのエサであるプランクトンは、潮止まりには表層かボトムに滞留する。

その日そのときのレンジを攻略しよう

・デイアジング＝ボトム、障害物の影

理由：日の高いうち、アジは外敵から姿を隠せるボトムや障害物の影に隠れる。

・雨後＝中層、ボトム付近

理由：比重の軽い真水が表層に膜を張り、アジはその下に潜ってベイトを捕食する。

レンジを意識したアジングを

アジが海中のどこにいるか、レンジはその日によって違います。同じ日でも、少し風が吹いたり、潮が上げ下げしたりすることで、レンジは変化します。

アジは基本的に、釣れるレンジで釣れ続けてくれる魚です。しかし、その〝釣れるレンジ〟は刻一刻と変わることを念頭に、アタリが遠のいたら初心に戻ってアジのいるレンジ把握から始めましょう。

ちなみに、カウントダウンの大敵は風。これからアジングを始めようという入門者は、なるべく風のない日を選んでレンジを把握する練習をしましょう。

レンジ攻略で豆アジキャッチ

PART.2
アジング

最重要レンジ「表層」攻略

アジングで最重要となるレンジは表層です。どういうシチュエーションでも表層から始めていきます。ここでは表層の考え方、攻め方について説明していきます。

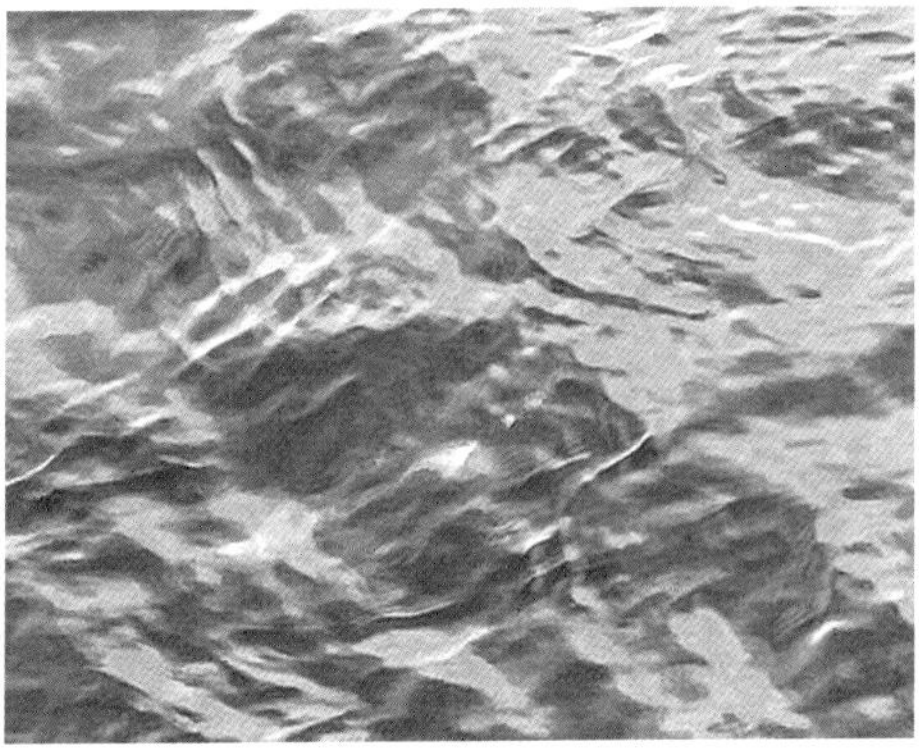
とにかく表層から釣る

「表層」から始めるべし

ルアー釣りでは、「ボトムをとれ」とよく言われます。しかし、アジングでは「絶対にボトムをとってはいけない」という気持ちで「表層から始めるべし」です。

たとえば、青物を狙うとき、ボトムはとりません。なぜならば、青物やフィッシュイーターにとって表層は1つの「壁」であり、そこにエサとなる小魚を追い詰めて捕食するからです。

アジも青物の一種で、表層に小魚やプランクトンを追い詰めて捕食します。水深がありそうな海でも、必ず表層から始めましょう。

また、オープンウォーターに投げるとき、唯一のヒントになるのは表層という「壁」。どんな海でもアジは必ず表層を意識しているので、その壁をうまく釣ることが釣果を伸ばすことにつながります。

5カウント前後から

では、表層とは具体的にどれくらいのレンジなのでしょうか。

一般的に、カウントダウンでレンジを刻んで5カウントが表層だと言われています。しかし、これはあくまでも基本であり、場所の条件によって表層の考え方は変わります。たとえば、水深がなく、5カウント入れると根魚が食ってくるようなケースでは、ゼロカウントから始めるといいでしょう。

シャローでないかぎり、ヘッドウェイトは0・8グラムが基準となります。浮きすぎず、沈みすぎないウェイトで5カウント。ベタ凪ぎの海ならば、水深1・5〜2メートル程度入るはずです。もし入りすぎたと思うならば、2カウント、3カウントとド表層を攻めるときに意識すべきレンジになるでしょう。

表層の攻め方

表層を意識しているアジには、大きく分けて3種類のパターンがあります。

プランクトンパターン

常夜灯下や光が当たるポイントでは、植物性プランクトンが光合成して増殖。とりわけ常夜灯下では、水面直下でその光合成が盛んになるため、表層でよく反応します。このパターンの仕留め方は簡単で、軽量リグをじーっと定位させるだけです。

ベイトフィッシュパターン

小魚の姿が多く見られ、それらを捕食しているライズ音などがするときは、ベイトフィッシュパターンと考えられます。

このパターンでは、ワームの巻きで釣る、あるいはマイクロメタルなどが有効です。ただ、横追尾のアジは釣りにくいので、リールの巻きとりで弾かないように、ロッドの操作でリグを横に動かすL字釣法で攻略しましょう。

ベイトフィッシュの姿が見えていても、それらを捕食していない群れは意外と多いものです。とくに春先のハク（子ボラ）は、あまり好んで食わないようなので、ベイトがそのような小魚の場合は無視して、プラ

巻きパターンはメタルで釣れる

ンクトンパターンを優先して釣るといいでしょう。

フォールスピードパターン

表層にアジがいるのに、なぜか漠然としたアタリしか出ない。軽量リグにしたり、レンジを微妙に前後させたりしても食ってこない。そんなときに試したいのが、ヘッドを重くしてフォールスピードを速くする方法です。

アジは群れによって、たとえば0・8グラムでもアタリますが、1・5グラムのフォールスピードのほうがよく食うという偏食傾向が見られます。落ちていくものに反応するアジは、高活性であることが多いので、25センチ級からはハリのシャンク長も長くしたほうがいいかもしれません。

表層から攻めた釣果

表層しか狙わない人も

どんなときでもアジは表層から。表層を制するものがアジングを制すると言っても過言ではありません。見切りの早い経験豊富な釣り人は、アジングは表層しかやらないと言います。

「とにかく表層から」という考え方は、夜のライトゲームのほぼ全般に通じます。メバルもアジも、最初に10カウントくらいまでズドンと入れてしまうとワームを見切ってしまい、口を使わない可能性があるので、軽量リグを使って必ず表層から始めましょう。

夜は思わぬ大型がヒットすることも

PART.2
アジング

難易度高めな「中層」攻略

アジングで釣っていくレンジで、表層の次にくるのは中層です。基準となるジグヘッドウェイト0・8グラムくらいで、10カウント前後。中層に潜むアジは、攻略に手こずることもしばしばです。

良型好調！　狙うは尺アジ!!

アジは中層がキー？

アジは表層から釣っていきます。そしてほとんどの場合、そこにアジがいるなら、5カウントくらいで反応が出ます。

10カウント前後で反応が出る、つまり中層のレンジにアジがいるときは、場所や条件にかかわらず、若干プレッシャーがかかっていることが多いようです。

マヅメの中層でヒットしたアジ

特定の群れを釣っていると、表層から中層にレンジが変わったり、釣れる方向が変わることがよくあります。そのことから、中層で反応がある場合、「誰かが釣ったあとなのかもしれない」という推測が成り立ちます。

また、アジが中層にいるときは、潮のヨレなどでプランクトンが表層に浮くのでも、ボトムに沈むのでもなく、中層に漂っているケースも考えられます。この場合、再現性のある釣れ方をするわけですが、10カウントというレンジで連発させることはほとんどできません。潮の状態や風の影響を少なからず受けて、縦方向にズレなくても横方向にズレしまい、アジの居場所から外れてしまうからです。

とはいえ、中層がキーとなるアジの群れがいることも事実。それ以上深いレンジよりは確実に釣りやすいので、うまくパターンを分析して攻略しましょう。

スラックに注意してリーリングを

中層も細かく言えば3段階ほど

アジングの基準となる0・8ムグラのヘッドの沈下速度で10カウントを、一般的に中層と言います。しかし、中層も細かく言えば7カウント、10カウント、12カウントと3段階あります。

10カウントでショートバイトや曖昧なアタリが出た場合は、アジの食い方に角度がついていない証拠。食い下げ（12カウント）、あるいは目の前にリグを見せて居食いさせ（7カウント）、アタリを明確にしたいものです。ヘッドウェイトを増減したり、レンジを上げ下げして調整しましょう。

レンジは入れれば入れるほど、ラインが海中、または水に入るまでの空中で弛みやすくなるので、たわみに要注意です。

中層のアジはセレクティブ？

どんな魚もレンジが入るほど大型で、気むずかしい群れになる傾向が見られます。多投するとスレて口を使わなくなるので、一発勝負で確実に仕留めたいものです。

本当にセレクティブなアジは、1回しか食いません。アタリが出てもそれが2発、3発と続かなければ見切ったほうがいいかもしれません。移動してふたたび索敵し、発見できれば、表層の群れのほうが圧倒的に釣りやすいでしょう。

フォールスピードも意識

アジング全般に言えることですが、フォールスピードに反応することがよくあります。

TGヘッド丸呑みアジ

反応する群れがいるなら、とりあえずその重さで、スレたらもう少し軽く、がアジングの基本的な考え方です。しかし、それでダメなときは、やり方を変えなければなりません。

アジは一度視界に入ったものが消え、また視界に入ってくる（落ちてくる）という動きに弱い習性があります。そこを突くわけです。

0・8㌘でアタッたら1・2㌘にしてみる。同じ0・8gでもタングステンのヘッドにして、沈下速度を（理屈上は一般的なナマリとの対比の）1・7倍にしてみる。基本的なアジングの考え方とは逆のアプローチをすることで、食いが上向くことがあります。

ちなみに、ヘッドのナマリのシルエットを1・7倍小さくできるTGヘッドは、スレたアジにも見切られにくくてオススメです。

PART.2
アジング

深追いは厳禁？「ボトム」の釣り方

アジのレンジはコロコロ変わります。さっきまで表層にいたのが一転、ボトム付近に着くこともめずらしくありません。その理由と攻略方法を考えてみましょう。

ボトム付近に着くのは大型魚の影響も

ボトム付近にアジがいる理由

釣り人目線で見るアジの行動は、基本的に捕食対象を追ってのものと、何かから身を隠すためのものの2つに分かれます。簡単に言ってしまえば、海中の「どこかで何か食べている」か、「どこかに隠れている」かです。

ボトム付近は、主に「どこかに隠れている」パターンと考えられます。夜は大型魚の活性が高いので、怖がってレンジは沖のボトム付近に下がります。また、釣り人が何度もワームを通していると、何かを察知してボトム付近に下がってしまうのはよくあることです。

ボトム上を狙って良型キャッチ

一方、捕食対象から考えても、アジがボトム付近に着くのには理由があります。アジの主なベイトであるプランクトンは、潮が動かなくなると、底に沈むか、上に浮きます。そのため、表層とボトム付近はアジの食べ物の宝庫と言えるのです。

一般的に潮止まりは、だいたいの魚が捕食を終え、活性が下がります。しかし、回遊魚であるアジはつねにエネルギーをチャージしておく必要があるので、多少おなかがいっぱいでも、小さなワームならボトム付近で食ってきます。

さらに、多毛類がいるサーフ、日中の小エビベイトなど、アジがボトム付近に着く理由はいくらでもあるのですが、ボトム付近は釣りやすいレンジではありません。これが問題なのです。

深いレンジの釣り方

水深によってボトム付近の考え方は変わりますが、一般的には0・8グラムのジグヘッドで15カウントが目安となります。「そんな軽いヘッドでボトム上まで沈んでいるの?」と思うかもしれませんが、風のない静穏な漁港内などで15カウントというと、7、8メートル近いレンジは入っているはず。十分にボトム上、場合によっては着底する可能性もあります。

もしそれで、水深の半分くらいのレンジしか入らないようならば、もっと深く沈めてもかまいません。

しかし、その場合も15カウントと決めて、ジグヘッドの重さを1グラムまたは1・2グラム程度に重くしたほうが、リグの操作感を見失わずにボトム上のイメージを持って釣ることができます。

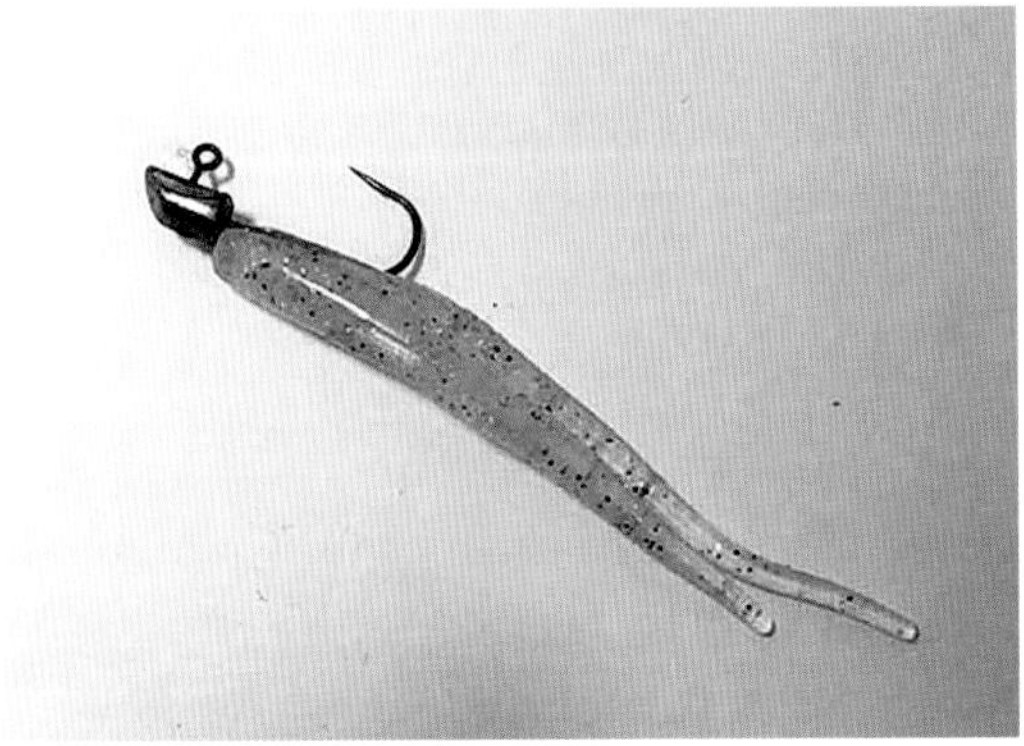

軽量リグの15カウントでボトム上を釣る

深追いするなかれ

釣り方は、「レンジキープ」「巻きでリフト&フォール」の2つになるでしょう。また、だいたいのカウントだけ刻んで0・8グラムのジグヘッドを漂わせる「ボトムふわふわ」も有効です。

いずれの場合も、ポイントはラインのテンション。張らず緩めず、やや張りぎみを保ちましょう。また、アジがバイトしてきたら、オートマチックに乗るような繊細なリグ設定（ヘッドのシャンク長、ワームのボリューム感）を意識するといいでしょう。

手前で根につかまったらゲームオーバー

ただ、15カウントのレンジというのは、深追いするものではありません。つねに根掛かりのリスクがつきまとうことに加えて、アジングのタックルでは引き出せないサイズの根魚がきたら対応できないからです。

また、多くの波止や漁港は、釣り場の手前にかけてカケアガリになっているので、15カウントのレンジをずっと釣っていると、手前で根につかまりやすいというリスクも。手前になるほど若干レンジを上げるイメージで釣ると安全です。

ドン深にいるケースも

低水温期にアジがドン深にいることはよくあります。たとえばミオ筋のドン深、足元のドン深などは、冬にアジングをするならしっかり攻めたいポイントです。リグを着底させるのではなく、ボトム上を釣るイメージで攻略してみましょう。

PART.2
アジング

定番ポイント「常夜灯」の色別攻略法

常夜灯下はアジングの定番ポイントですが、白い常夜灯とオレンジ色の2種類があります。それぞれの色に合わせて、ワームカラーを使い分けましょう。

ポツンとある常夜灯は狙い目

常夜灯下はプランクトンパターン

植物性プランクトンを捕食しにアジが群れで入ってくる常夜灯下は、アジングの定番ポイント。まれにそのプランクトンを食べに入ってきたベイトフィッシュを追いかけていることもありますが、常夜灯下のアジは、ほとんどがプランクトンパターンだと考えてかまいません。

このパターンのアジは、みずから動かないプランクトンを食べているので、「静」を意識してワームを投入し、海中で静止させることがポイント。光の中で目立ちやすいカラーや、派手なアクションは禁物です。

また、定番ポイントだけに釣り人が多く、魚がスレやすいので、群れて入っているのが目に見えてわかる

ような状況でも、できるだけナチュラルな色と「止め」の誘いでなければ、そう簡単に仕留められないでしょう。

橙色常夜灯の下でピンクのワームにメバル

オレンジ常夜灯のワームカラー

暖色系、オレンジ系の常夜灯には、それになじむカラーがいいでしょう。オレンジにできればベストですが、ピンクもこの常夜灯の色になじみがいいのか、実績のあるカラーです。

ちなみに、オレンジ系の常夜灯下では、中層からボトム付近でよくアタります。オレンジは魚にとっては不自然な色なので、警戒心が高くなり、ある程度水深のあるところで捕食するのかもしれません。

水銀灯ではクリアから

白の水銀灯は、オレンジの常夜灯よりもアジの集魚効果が高いようで、ワームカラーを比較的選びません。しかし、スレさせないで長く釣るには、まずクリアでナチュラルに水色に溶け込ませるのがセオリーです。いきなり強い色味のワームを見

白の水銀灯と中秋の名月

せると、ワーム自体にスレてしまって、群れ全体にプレッシャーがかかってしまうことがあるので注意しましょう。

　クリア系を投げたあとは、色は問わずハーフクリア、ソリッド系、最後にチャートを投げると、釣れ続けることが多いです。

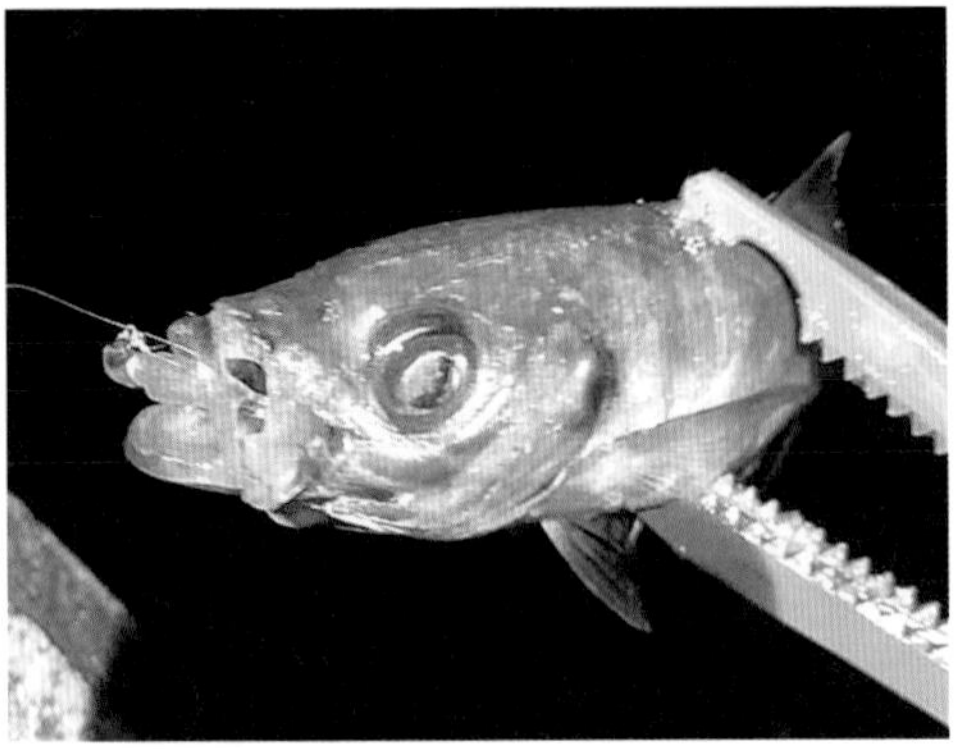

リフト＆フォールに反応したアジ

　また、白い水銀灯の下に着いたアジは、表層を意識して高活性の傾向があり、多少重めのジグヘッドを付けて表層をリフト＆フォールするとよく釣れます。必ずしも「止め」ではないこともあると覚えておきましょう。

アミカラーは必携

　前述したように、常夜灯下に集まるアジは、明確なプランクトンパターンであることがほとんど。基本的にそのライトの色に溶け込むカラーをセレクトすれば、ナチュラルにアジに口を使わせることができ、長く釣れ続けますが、まれに色合わせがハマらないことがあります。

　そのようなときに必要となるのが、アミパターン用のカラー。一般に飴色っぽいハーフクリアだったり、オレンジ系だったりします。

　このカラーがあれば、とりあえずアミパターンを意識した釣りが成立させられます。あとはそのときのアジの機嫌を見て、動かしたほうがいいのか、もっと徹底的に止めたほうがいいのか、反応するアクションを探ってみましょう。

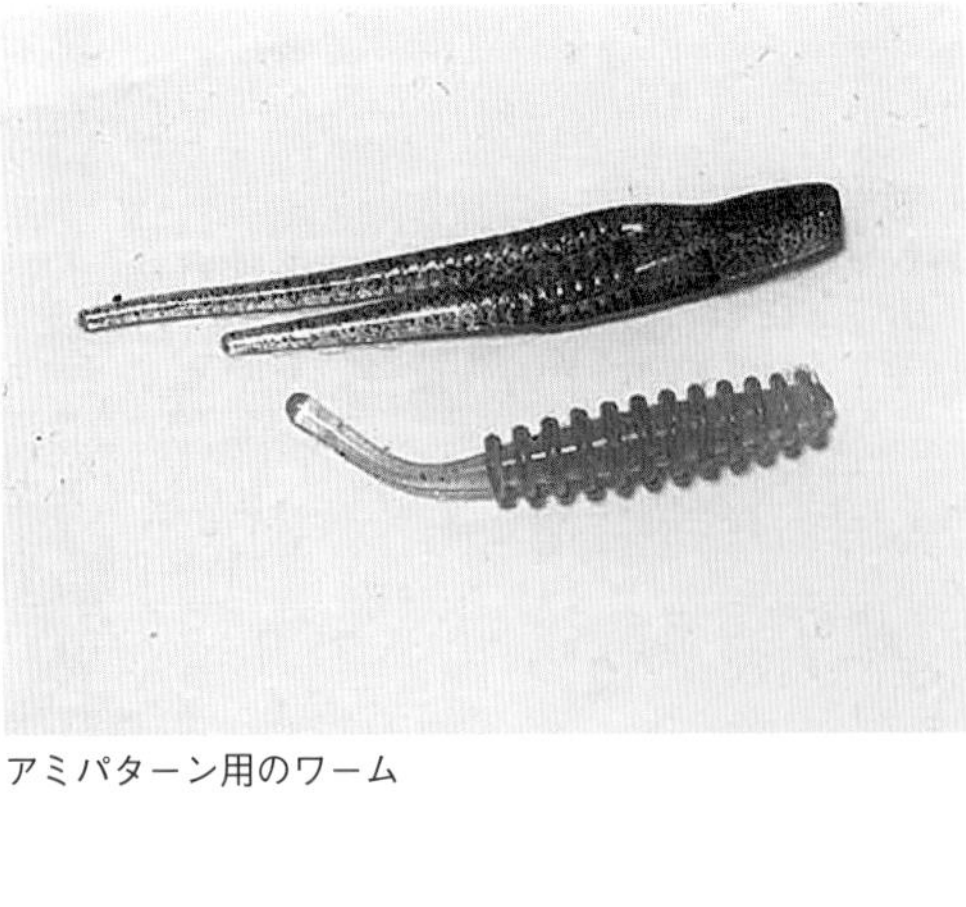

アミパターン用のワーム

PART.3

メバリング

メバルを狙う「メバリング」ってどんな釣り？

メバリングとは、メバルをルアーで狙う釣りです。メバルは比較的簡単に反応し、冬から春にかけて釣れる「春告魚」とも呼ばれる魚。まずは基本的な釣り方を紹介しましょう。

ロングランで楽しめるメバル

人気の理由

ライトゲームのターゲットとして、メバルほどおもしろい魚はいません。やり込み要素とゲーム性に富み、サイズを追い求めるロマンにあふれています。

釣り方に再現性がある

メバリングの楽しさといえば、第一に「再現性」が挙げられます。デイはボトム、ナイトは表層というパターンが顕著で、これに当てはまると、とにかく簡単に釣れます。同じワーム、同じジグヘッド、同じ通し方。場に応じて再現性のある釣れ方をするところが、とてもおもしろいです。

そして、その再現性のある釣れ方は、あるとき、ふと止まります。潮の上げ下げで、または魚の気分で、あるいはパターンを見切られて……。そこから工夫して、次の1尾をひねり出したときの喜びは大きく、達成感があります。

数釣りが楽しめる

釣りは数を釣るのが楽しいという人は、きっとメバリングにのめり込むことでしょう。

メバルはそこそこの群れで行動

数釣りが楽しめるのがメバリングの魅力

し、場所に居着いているので、1尾釣れると立て続けに釣れることがよくあります。そして、そのポイントで反応が薄くなっても、別のポイントに入ると別の群れが釣れてくるので、夜通しやれば50尾も夢ではありません。

やり込み要素が多い

シーズンを通してやり込み要素が多いことも、メバリングの楽しさの1つです。

定番のキワを狙うのではなく、あえてオープンウォーターの地形変化を読んで、前に投げて釣ってみる。

シーズン終盤のスレてきた個体を、ジグ単の徹底的な「止め」で仕留める。

フローティングミノー、またはマイクロメタルといったルアーを使って攻略してみる。

　時期や場所によって優先度の高い釣り方が変わってくるところも、メバリングの大きな魅力と言えるでしょう。

大型の引きは格別

　メバルは大きくなると、油断しているとロッドを持っていかれそうな

尺級は猛烈に引く

くらい、強い引きをします。初速はクロダイとまちがえるほどで、根に潜るためにガンガンと頭を振りながら引き込む動きも独特です。

　また、小型でもテトラ帯や岩礁帯などメバルの〝ホーム〟では、相手有利の条件のなか、リールのドラグをほぼフルロックで勝負するスリリングな駆け引きを満喫することができます。

　ちなみに、湾奥エリアでは、クロダイ、シーバスといった大型ゲストが交じることも。繊細なライトタックルでこれらの魚をランディングまで持ち込めると、思わず「よし」と声が出てしまうものです。

食味も抜群

　煮付けに、刺し身に、メバルはたいへん美味な魚です。とくに刺し身は、寿司屋でもあまり供されることはありません。白身のコリコリとした味わいを楽しめるのは、釣り人の特権と言えるでしょう。その日の釣行の余韻に浸りながらじっくり味わってみてください。

タックル

　メバリングに用いるタックルは、次のようなものがいいでしょう。

ロッド

・メバリング専用ロッド6フィート台後半〜7フィート前半（180〜210センチ程度）

　ロッドは「ソリッドティップ」と呼ばれる、竿先の中身が詰まった仕様になったものを推奨。メバルのアタリを吸収し、うまく乗せることができます。

リール

・スピニングリール2000番

スピニングリールには、フロロカーボンのラインを、100メートル程度巻いておくといいでしょう。太さは、0・5号（2lb＝2ポンド。1lbは450グラムの負荷に耐える）程度を推奨します。

ドラグ設定は重要

リールには、ドラグという魚の引きに追従してラインを出す機能があります。メバルの小さなアタリを吸収してうまくハリ掛かりさせるためには、このドラグをやや甘めに設定することがポイントです。

スピニングリールの頭部分のドラグノブを反時計回りに数回まわし、少し力を入れて引っ張ればラインが出ていくくらいのところに設定しておきましょう。

専用ロッドにスピニングの 2000 番が基本設定

アジングタックルでも釣れる？

メバリングには、アジングタックルが流用できます。5〜6フィート台のロッド、1000番のスピニングリールにエステルライン0・3号であれば、そのまま使って問題ありません。

ただし、メバルは根に潜ろうとす

る魚なので、耐摩擦性の高いショックリーダーの結束が不可欠です。

ポイント＆釣り方

ここからは、メバリングのポイントと釣り方を紹介していきます。

季節と時間

季節は初冬〜春まで。地域によっては通年釣ることもできるようですが、入門者が陸っぱりで釣る場合、11月〜5月くらいまでとなります。

時間帯は、夜がメインです。メバルは夜になって海が暗くなると、警戒心を解いて海底から海の表層まで浮いてきます。

釣る場所は、とにかく何かのキワです。堤防であれば、足元のキワ。消波ブロックなどのキワもメバルの好ポイントです。

デイメバル、回遊待ちのメバルなど、ほかにもいろいろな釣り方がありますが、入門者は「冬から春の夜の海で表層狙い」という、もっとも簡単に反応する釣り方に絞ったほうが釣果を伸ばせるでしょう。

足元の表層に絞って釣る

ジグ単がメバリングのスタンダード

ジグ単の釣り方

メバリングでは、ジグヘッド単体という仕掛け、通称「ジグ単」を使います。ジグヘッドというハリにナマリが付いたものに、ワームというソフトルアーを刺して使う、非常にシンプルな仕掛けです。

表層＝海面直下を釣るメバリングでは、重いジグヘッドを使ってしまうと釣りになりません。基本的に1《グラム》程度のジグヘッドを使いましょう。入門者にはびっくりするような軽さに感じられるかもしれませんが、実はこれでも重すぎるくらいです。

　ちなみに、専用タックルで設定が決まっている場合は1グラム、やや重めの1・5グラム程度のジグ単仕掛けでも、しっかりと操作している感覚を持って釣ることができます。

釣りやすくするプラスワン

　メバリングでは「焦れないこと」が大事です。海の前面に投げるのでなく、キワの表層に絞って、ゆっくりリールを巻くこと（足場のいい堤防では、投げるのでなく、仕掛けをそのまま足元に落として、自分が歩く方法もあります）。そして、アタリがあっても、ロッドをあおるようなアワセは不要です。

　ラインは、可能ならばPEライン0・3号を使って、ショックリーダーを結束しましょう。手感度がよくなり、アタリがとりやすくなるので、釣りが一段とおもしろくなり、釣果もアップします。

　ちなみに、メバルは一度見たものを二度は食わないという賢さを持ち、この学習する習性によってシーズンが進むにつれて手ごわい魚となります。一度ワームを通した場所は見切って移動するか、別のワームを通すなどして、つねに目先を変えて釣りましょう。

防寒＆安全装備を万全にメバルと遊ぼう！

初冬から春をメバルとともに

　単純にアタリが多く、釣りやすいメバルは、釣って楽しいターゲットです。逆にとことん気むずかしい日があるのもおもしろいところで、30センチ級のビッグサイズになると引き味も格別なものがあります。

　初冬から春にかけては、防寒と安全装備を万全にしてメバリングを楽しみましょう。

PART.3
メバリング

シーズン序盤の「数釣り」パターン

メバルがシーズンインする11～12月の序盤は、スレていないメバルがバンバン食ってきます。釣り人側もまだ暖かくてやりやすいので、数釣りパターンを覚えておきましょう。

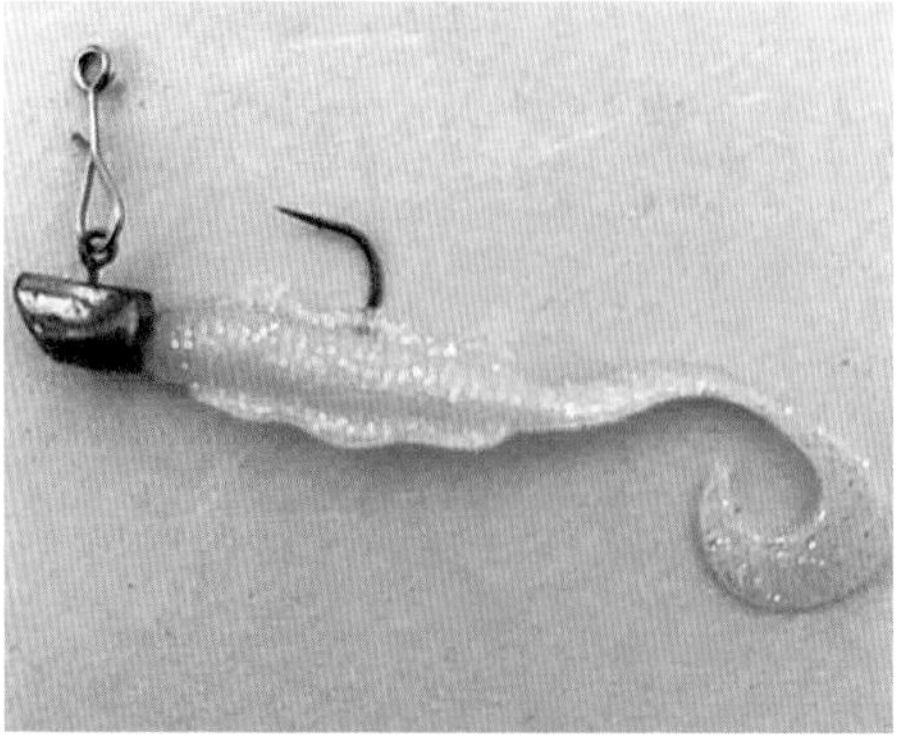
シーズン序盤に有効なシャッドテール

ベイトは小魚、ヒイカなど

11～12月のシーズン序盤は、まだ海水温が高く、小魚やヒイカなどのベイトも豊富。釣り人にはまったく視認できないような小さなベイトでも、メバルはそのよく利く目で確実にとらえて捕食しています。

マッチ・ザ・ベイトの観点からすると、この時期はこれらベイトをイミテートした動きで釣ればOKなので、効果的なのはリトリーブということになります。スレていないポイントならば、最初は巻きで釣りましょう。

ワームはシャッドから

シーズン序盤のメバルは、まだワームを見ていません。そのため、シルエットは問わず、落ちてきたものに反射的に飛びついてきます。ジグヘッドの重量さえまちがえなければ（0・6～1・2グラム程度）、まず釣れるでしょう。波動の大きいシャッドテールのワームから始めて、渋くなってきたらピンテールに変えると、数を伸ばせるはずです。

メタルルアーも有効

シーズン序盤のメバルは、メタル

ジグにもよく反応します。その大きな目に、鉄製ルアーは非常に魅力的に映るのでしょう。ワームと同様、「まだ見ていないメソッド」で、アクションも何もなく、ただ巻きの巻き出し直後に食ってくることが多いです。

また、下げ潮ではメタルルアーしか反応しないことがあるようです。活性が下がりきったところに、メタルの〝異様さ〟がリアクションバイトを誘発すると思われます。

潮止まりは注意

シーズン序盤はジグヘッドの重量さえまちがえなければ簡単に釣れますが、潮止まりだけは注意が必要です。とくに上げ潮止まりは、すでに捕食をすませておなかがいっぱいの状態なので、そこにワームを見せても反応しません。また、学習されて下げ潮が効いてきたときの反応が鈍ってしまいます。

メタルルアーにアタックしてきたメバル

もっとも、その日の潮回りによって、潮止まりでも関係なく食ってくるメバルもいます。大潮回りは露骨に止まる一方で、小潮のようにダラダラとずっと動いている潮だと、潮止まりの時間でも反応することがよくあります。

ただ、一般論として、潮止まりはメバル狙いで表層にワームやプラグを通さないほうがいいです。それは潮が効いてきたときにとっておいて、少し離れた場所でボトムをとってカサゴを狙うのが賢明でしょう。

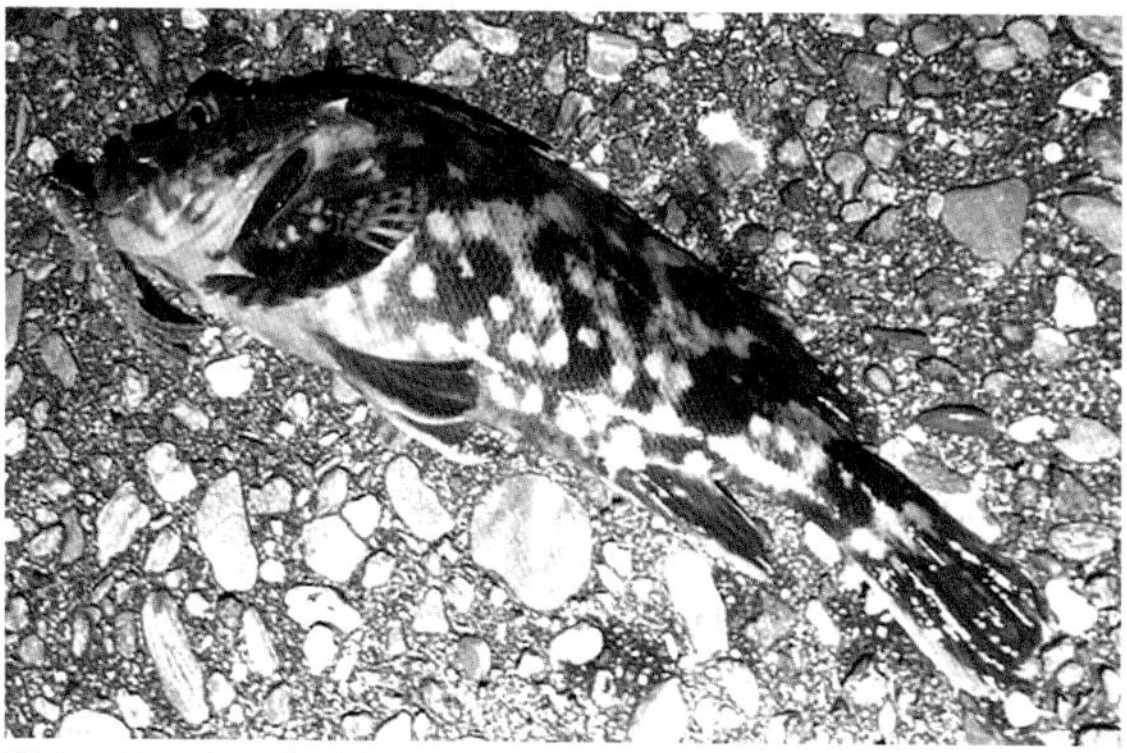
潮止まりはカサゴに遊んでもらおう

PART.3
メバリング

シーズン中盤「1〜3月」の攻略法

1〜3月はメバリングシーズンの中盤戦。メバルも学習しており、場所によって個体数も若干少なくなっています。食性も変わることが多く、釣果を上げるには工夫が必要です。

ワームをプランクトンにイミテート

捕食対象がプランクトンに

1月〜3月は、海も厳冬期。一般的に、海水温の低下は気温よりも1カ月遅れてやってくると言われており、この時期の海が一番冷たく、3月はとくに厳しい状況となります。

海が冷たくなると、ベイトフィッシュは少なくなります。とりわけ漁港や波止では、それが顕著です。岩礁帯などでは通年小魚が見られるものの、暖かい時期と比べれば明らかに減少。そのため、メバルの捕食対象は、ベイトフィッシュからプランクトンに切り替わります。

レンジキープは「止め」の釣り

「止め」の釣りが有効

この時期は、メバリングの常套パ

ターンであるリトリーブもまだ通用しますが、反応がなければすぐに「止め」の釣りに切りかえたほうがいいでしょう。具体的には、ワームをプランクトンにイミテートする「レンジキープ釣法」です。

やり方は簡単で、その場の条件に対応するもっとも軽量なジグヘッドを使用して、波止や漁港などのキワの表層にリグをふわふわと漂わせればOK。そうすると、リグは振り子の要領で自然に戻ってくるので、そのぶんのラインのたわみをリーリングでとります。

ロッドワークは、あまり意識する必要はありません。レンジキープ釣法をする際、アクセントをつける意味で「ちょんちょん」の動きを入れますが、この時期のメバリングではそれも微妙です。

そもそもメバルは波動をあまり好

明確な気泡＝プランクトンパターンではプラグ有利

まない魚と言われており、また一度釣られて学習している魚は、そのアクションを不審に思って見切るかもしれません。実際、ロッドワークやアクセントの動きがきっかけになって食ってくることはほとんどなく、むしろ「スレさせてしまった……」と思うことのほうが多いぐらいです。

メタル・プラグで打開

シーズン中盤、厳冬期のメバリングでは、基本的に「ワームファースト」にしたほうがいいでしょう。序盤は夜もメタルでバンバン食ってきますが、それはそのときのベイトが小魚だったり、まったくスレていないため反射的に食ってくるだけのことであって、シーズンを通して通用する優先的な釣り方ではありません。

シーズン中盤は、いい潮にからめて釣っても、アタリさえ出ないこともしばしば。そういうときは、メタル、またはプラグも有効です。

とくにプラグは、メバルが明らかにプランクトンを偏食していると思われる波止際に気泡がたまりまくっている状況で、フローティングのものを使用すると突然アタリ出すことがあります。

注意したいのは、メバルのフローティングプラグは、あくまでプランクトンをイミテートするものであるということ。スケルトンボディがプランクトンの塊のように見えて、それをちょっと動かしたときにメバルがアタックしてくるわけです。プラグの「止め」→「動かし」で狙ってみるといいでしょう。

アジの動向も見てコースを変える

湾奥では、メバルのシーズンが中盤になっても、良型のアジが残っていることがあります。密度にもよりますが、アジの群れが入っているとメバルは壁にタイトに張りつく傾向があるようです。反応が悪いと思って前に投げたらアジが釣れるという状況では、コースをもっとタイトにするといいでしょう。

前に投げてアジならコースをタイトに

PART.3
メバリング

高難度「春の終盤戦」への心得

4～5月になると、メバリングのシーズンは終盤。場所によってはすっかり群れが抜けることもあり、残っていても反応は薄くなります。そんな時期の対応策を紹介しましょう。

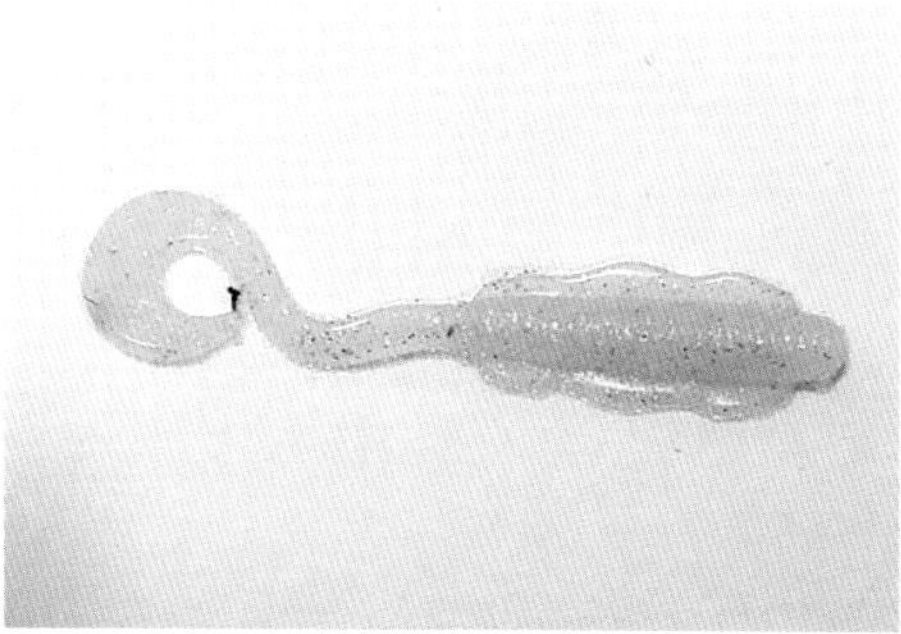

シーズン終盤に強波動ワームは逆効果

ワーム選定が肝

シーズン終盤のメバリングは、単調な巻きは通用しません。最優先とされるその動きは、この時期になると見切られてしまっており、ほぼ食ってきません。

とくに波動の大きいシャッドテール、カーリーテールなどはその傾向が顕著で、一度投入してしまうと、もうそのポイントでアタらなくなってしまいます。

春の終盤戦では、ワームをプランクトンの塊に見せかける「レンジキープ」の釣り方を推奨します。なるべく軽量なリグに、小さいシルエット（1・5インチ級）のワームが効果的です。あまり食い気がないメバルが相手なので、「それほどおなかは減ってないけれど、これくらいなら食えるかな？」というサイズ感が適しています。

大型ゲストへの対策

4、5月は、シーバスやクロダイの活性が上がる時期です。湾奥ではこれら大型ゲストの襲来が、ほぼ毎回見られます。汽水域でメバリングをするときには、シーバスやクロダイがきたときも確実に釣り上げるために、PEラインは最低でも0・3

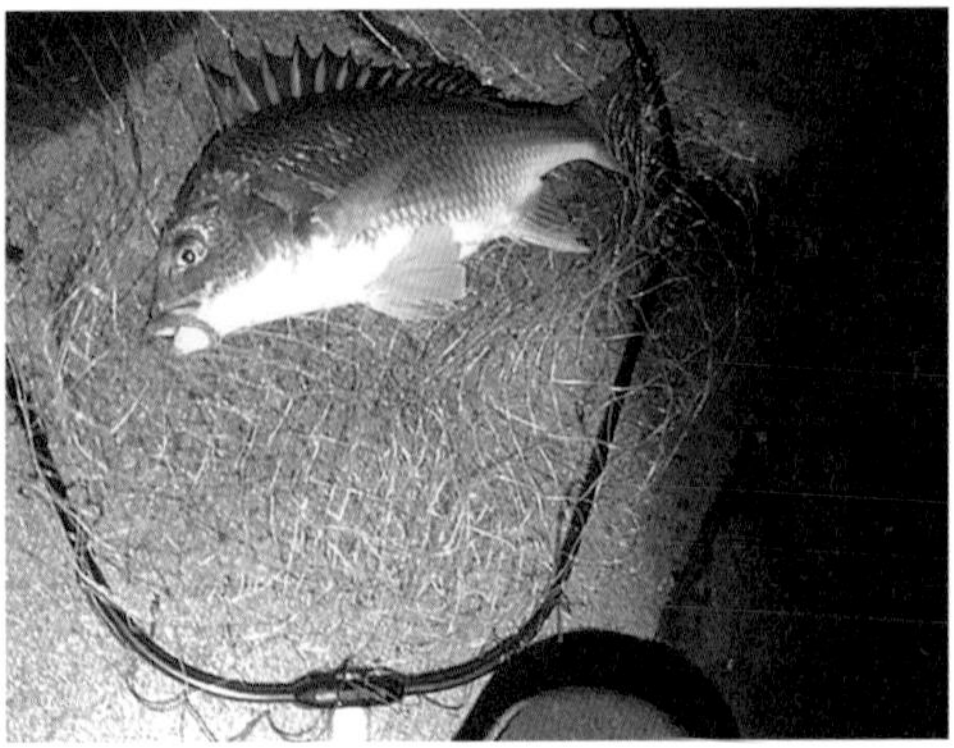

タモは必携

号、リーダーも6lb程度で100センチくらい長めにとっておきたいものです。

メバルがアジと混泳しているポイントでは、エステルラインを使う人もいることでしょう。ドラグゆるゆるで時間をかけて弱らせれば大型ゲストもキャッチできますが、やはりタモは必須。これはPEラインを使っていても同様で、大型ゲストの魚影が濃いポイントに通うときは、必ずタモを持参しましょう。

夏場のメバリング

低水温期を抜けると、メバルは沖のディープに潜ると言われていますが、実は夏になってもわずかながら漁港内に居着きの個体が残っています。とくに消波ブロック帯は反応することが多く、メバルなんて年中釣れると思っている釣り人もいるかもしれません。

しかし、やはりパターンをつくって数を釣るのは、なかなかむずかしいです。メバリング特有の「再現性」に楽しさを覚えるのであれば、あえて夏場にメバリングをすることはオススメしません。

終盤戦は見切りも肝心

シーズン終盤は、反応がない日は本当にまったく釣れません。最悪ボーズとなる可能性もあります。潮がからむ時間にホットスポットで1時間程度やって釣れないようなら、さっと見切ったほうがいいでしょう。

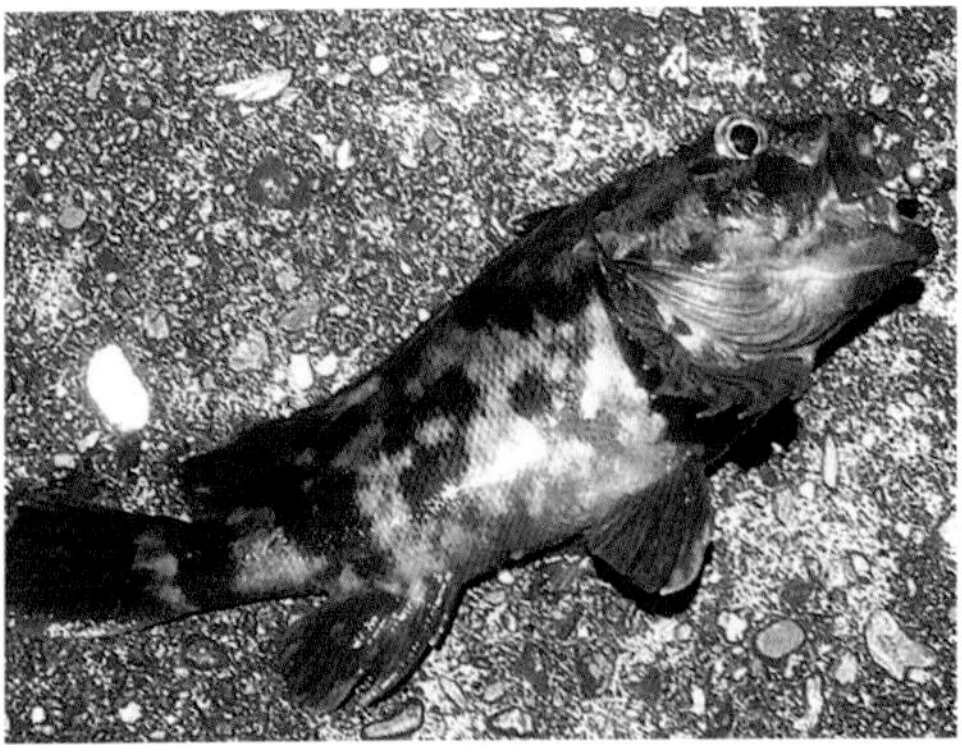

釣れなかったらジグヘッドを重くしてカサゴを狙おう

「ナイトゲーム」での狙い方

ナイトゲームにおけるメバリングの基本を紹介。夜は比較的簡単に釣れますが、それはレンジを意識してこそ。表層に出てきた個体を狙い打ちましょう。

波止際は最高のポイント

メバリングといえば、初冬〜春にかけての夜のイメージが強い人は少なくないと思います。実際、メバルは夜になると簡単に釣れます。

しかし「簡単に」といっても、それはレンジを意識してこそです。日中と一転し、夜のメバルは表層に出てくるので、そこを狙い打ちましょう。

メバルは波止際やテトラ際など、とにかくキワに着く魚です。そして岩礁帯などでは、その表層に広く点在しています。沈み根が一定の領域を覆っているようなポイントでは、全体がポイントになるわけです。

波止際をタイトに攻める

もっとも簡単に釣れるのは、やはり波止際でしょう。入門者はとにかく漁港に行って、足元を狙ってみてください。

ちなみに、シーズン序盤はキワのコース(ワームを通すライン)もルーズですが、海水温が高くなる5月ごろとなると、非常にタイトになってきます。シーズン終盤まで釣れ残ったメバルは、一度釣られてリリースされた個体である可能性が高く、ワームに対して警戒心が強くなっているため、キワによりタイトに張りつき、慎重に捕食行動するからでしょう。

常夜灯下は定番ポイント

常夜灯下のメバルは、プランクトンパターンのときもあれば、ベイトフィッシュパターンのときもあります。そしてそれは、釣り方に対する反応を見てみなければわかりません。ただ、いずれしても、明暗の「暗」の部分がメバルの好ポイントであることはまちがいありません。

常夜灯下は定番釣り場

常夜灯下にこだわるな

常夜灯下は、よく釣れると知っている釣り人が連日入っているので、好ポイントでありながら、実は激スレポイントでもあります。

とくにメバルは一度釣られると学習するので、水質の問題などでリリースメインとなる湾奥などでは、かえって釣れにくいことも。魚の姿が確認できるのにまったく反応しない……ということもしばしば。入門者ほど常夜灯下をメバリングの初場所に選定してしまいがちですが、かえってハードモードになる可能性も否定できません。

実際のところ、メバルは海のどこにでもいます。大事なのは、「レンジ（水深）」なのです。

表層を意識しよう

その目の大きさから「メバル」と言われるメバルは、実際に目が利きます。そしてその目の良さを活かして、とりわけ海の表面近く、いわゆる表層にいるプランクトンやベイトフィッシュを捕食しています。

一方、メバルは根魚でもあるので、波止やストラクチャーにタイトに着く習性も。つまり、そのような場所で表層を狙うのが、何よりも大事というわけです。

表層狙いの軽量リグ

表層を徹底的に意識して釣るためには、リグを軽くすることがポイントです。具体的には、1㌘アンダーの軽量ジグヘッドを使用します。

専用タックル（またはそれに類する流用タックル）ならば、この重量でも問題なく扱えます。操作感や見た感じの〝しっかり感〟を求めて、2㌘程度にするのはNGです。簡単にリグが海底に沈んで、釣れる魚がすべてカサゴになってしまうでしょう。

軽量リグは、巻きの釣りならば1・25㌘、やや上級者向けの「レンジキープ釣法」ならば0・6㌘程度が基準です。入門者には巻きの釣りで、1・25㌘程度のジグヘッドリグでの「表層スローリトリーブ」をオススメします。

表層で釣った大型メバル

沈み根だらけなら表層すべてがポイント

「ストラクチャー周り」の攻略法

人気のある釣り場ではスレたメバルがターゲットになることもしばしば。そんな状況で、ストラクチャーに着いたメバルを引き出す方法を紹介しましょう。

消波ブロックは好ポイント

メバリングにおけるストラクチャー

海に何らかの〝変化〟をつける障害物を、釣り用語で「ストラクチャー」と言います。

種類としては、消波ブロックのほか、消波ブロックが海中に沈んだ「沈み根」、そして漁港で船やブイを係留しておくための「ロープ」、さらに「漁船」そのものもストラクチャーと言えるでしょう。

消波ブロックの攻略法

メバリングの常套パターンに、消波ブロックの横リトリーブがあります。釣り人自身が消波ブロックに乗って、または消波ブロックをトレースできるような立ち位置でキャストし、ストラクチャーとなる消波ブロックの横をなめるようにリトリーブしてくる方法です。

専用ロッドがベター

この釣り方は、専用ロッド以外の流用には適しません。というのも、メバリング専用ロッドの7フィート台は、この消波ブロックでの横引きを想定したレングス設定になっているからです。アジングロッド、バスロッドの6フィートクラスでは、どれだけ手を海側へ差し出すようにしても、ロッドティップとラインに角度がついてしまい、きれいにコースをつくることはむずかしいでしょう。

ドラグ設定に要注意

この釣り方では、「ドラグの設定」が肝要です。ストラクチャー着きのメバルとは、少々強引に勝負する釣りにならざるを得ませんので、ドラグは強めに設定し、掛けてからあまり遊ばせず、根に潜られないように一気に釣りきってしまいましょう。

沈み根周りの攻略法

沈み根とは、消波ブロックが海中に沈んだもの。潮が引いているときには、沈み根がむき出しになることもありますが、潮位が十分にある場合は、この上全体がメバリングの好ポイントとなります。

沈み根周りでは、「レンジキープ」が基本です。絶対に根掛かりしないように、そのとき、その場所の条件に対応する最軽量のジグヘッドで、表層からほとんど沈めずレンジをキープして釣ります。ロッドティップの操作でも可能ですが、簡単なのは0・6グラム程度のジグヘッドで、少

浅いストラクチャー周り

し速めにリトリーブしてしまうことです。

　ちょっと反応が悪いと思っても、沈み根に近づけるように沈めてはいけません。ボトムのカサゴが食うと、ほとんど根に潜られて、そのまま引き出してくることができなくなってしまいます。

船やブイのロープ

　漁港にある船の係留ロープ、またはブイのロープには、メバルがよく着きます。とくに海草が生えているようなロープは、抱卵個体が着きやすく、格好の狙い場所です。

　ただ、ロープの狙い打ちは、なかなか高難易度です。キャストに正確さが求められるうえ、誤って引っ掛けてしまうとロスト確定。漁業関係者に多大な迷惑をかけることになるので、入門者は避けたほうがいいでしょう。

　安全にトレースするには、ロッドティップが届く範囲で下手投げでリグを落とし、そこから岸側で釣り人が動いてコースをつくるという手もあります。ただ、これも掛けた大型個体に激しく泳ぎまわられて、ロープにラインがからまるとトラブルになるので、ドラグはほとんどフルロックに近い設定で一方的に巻き上げてしまいましょう。

漁船のシェード

　デイメバルでも、夜のメバリングでも、船の陰は好ポイントです。日中の場合はシェード（影）と言いますが、これも身を隠せる場所になるので、やはりメバルが着きやすい場所となります。

　ただ、ロープと同様に、釣り人のスキルによってトラブルになる恐れがあるので、入門者が攻めるのはオススメしません。あえて釣ろうという場合も、ロープを攻めるときと同じで、下手投げで軽くポイント投入し、あっさりとトレースするくらいにしておきましょう。

船のシェードもメバルの着き場に

一級ポイント「藻場」攻略

産卵場であり、一級ポイントである藻場はメバルの〝ホーム〟で、基本的には魚有利の条件です。うまく釣らなければ潜られてゲームオーバーとなってしまいます。

潮位次第で沈み根、藻の上をトレース

藻場は好ポイント

藻場はメバリングの一級ポイントです。産卵場となるので、シーズンイン直後からとくに4月ごろにかけて、抱卵個体が多く集まります。

抱卵個体は重いわりに引きが弱いという声も聞きますが、藻場は個体数も多く、重点的に狙いたいポイントと言えるでしょう。

釣り方は藻の横をトレースするのが基本で、飛び出してくる個体を狙います。潮流に任せるレンジキープだと、藻にリグがからみついてしまうので要注意です。

藻場のメバリングで狙うのは、藻のキワだけではありません。潮位が上がって藻が沈んだポイントでは、その上を釣ることもできます。メバルはつねに表層を意識しているので、藻の上のほうは基本的に好反応。潮位次第では藻の上もポイントになることを意識しておきましょう。

大型狙いなら深めのレンジ

藻場は身を隠せる絶好の場所なので、警戒心の強い大型メバルもよく出ます。大型はややレンジが入っているので、25チセン級を狙うなら、表層のレンジから少し沈めた表中層を意

表中層で出た大型メバル

識するといいでしょう。

藻のぎりぎりをトレースし、表中層レンジをキープしながら巻いてくるこの釣り方は、普通のメバリングよりも難易度が上がります。慣れないうちは藻掛かりロストも頻発するので、2個失くしたら見切るなど、執心しないようにしましょう。

抜き上げには注意

卵でおなかが膨らんだメバルは、20㌢級でも重量感たっぷり。PEライン0・25号でリーダーブレイクすることもあるくらいなので、抜き上げは十分に注意しましょう。

掛けて水面に浮かしたら、抜き上げ前に少しドラグを緩めます。抜き上げの最中に暴れられても少しラインが出てその動きを相殺してくれるようなドラグ設定で、ロッドを頭上に差し上げるようにしながらハンドルをまわしてずり上げるように抜きましょう。

尺クラスが連発するところでは、タモ持参はマスト。尺級はPEライン0・3号でも足場の高さによっては抜き上げが厳しく、それが抱卵個体となると、40㌢弱のクロダイくらいの重量感があります。抜き上げる最中でブレイクして後悔したくなければ、焦らずていねいにタモ入れしましょう。

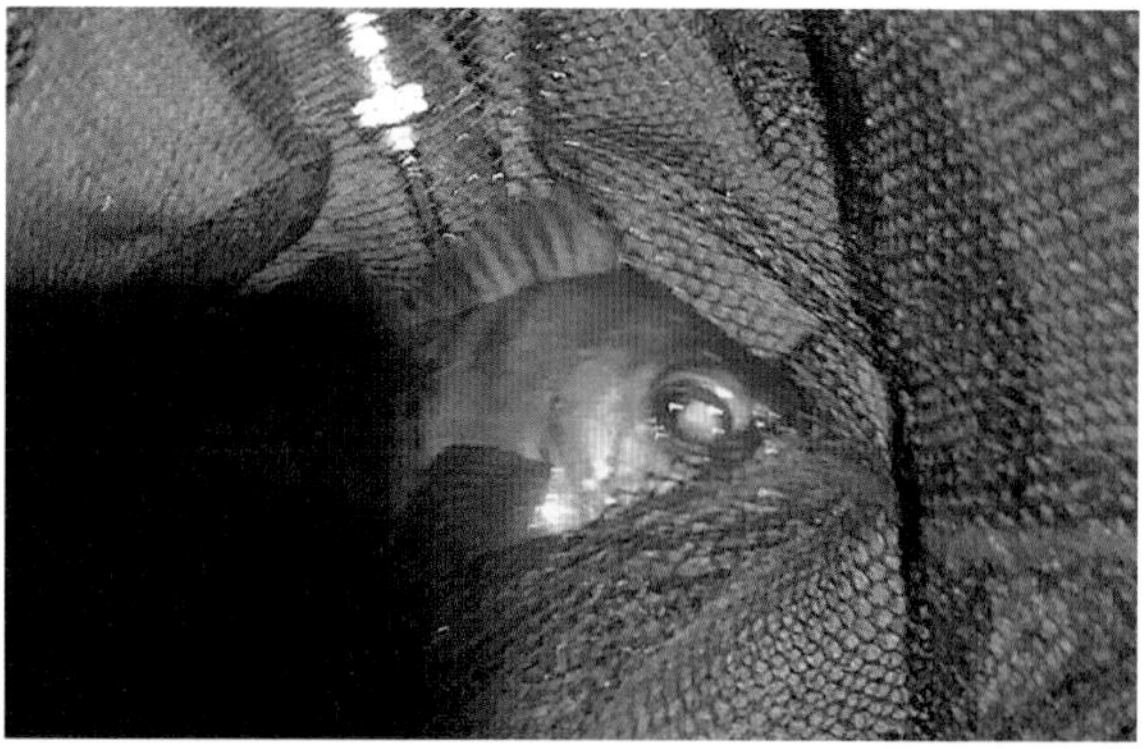

尺クラスはタモ入れしよう

PART.3
メバリング

プラッギングの代表ルアーと使い分け

近年、メバリングではジグ単リグだけでなく、プラグを使用したプラッギングが流行っています。ここではメバルプラッギングにおけるプラグの使い分けを解説します。

ワームで攻めきれないときに試す価値大

プラッギングとは

メバルプラッギングとは、メバルをプラグ（プラスチックなどからつくられたハードルアー）で狙うことを言います。使用するプラグは数種類あり、それぞれ使い分けると引き出しが増え、釣果を伸ばすことができます。

メバルプラッギングに使用するプラグを大きく分類すると、

・シンキングペンシル
・ミノー
・トップウォーター

の3つに分けられます。

ほかにバイブレーションなどもありますが、この3種類のプラグの出番が多いです。

プラグ別の使い分け

プラグの基本的な使い分けについて説明しましょう。

シンキングペンシル

シンキングペンシルは、メバルプラッギングにおいてもっとも使用率の高いプラグと言えるでしょう。遠投性能に優れ、釣り人がレンジをある程度操作できるので、最初に投げるパイロットルアーとして選択すると、その日のパターンがつかみやす

シンキングペンシル

くなります。

また、リーリング速度の変化だけでなく、ロッドを立ててリーリングするか、ロッドを寝かしてリーリングするかで違うレンジを引くことが可能。その日一番いいレンジがわからないときには、シンキングペンシルを使用するとすばやく広く探れるので有効です。

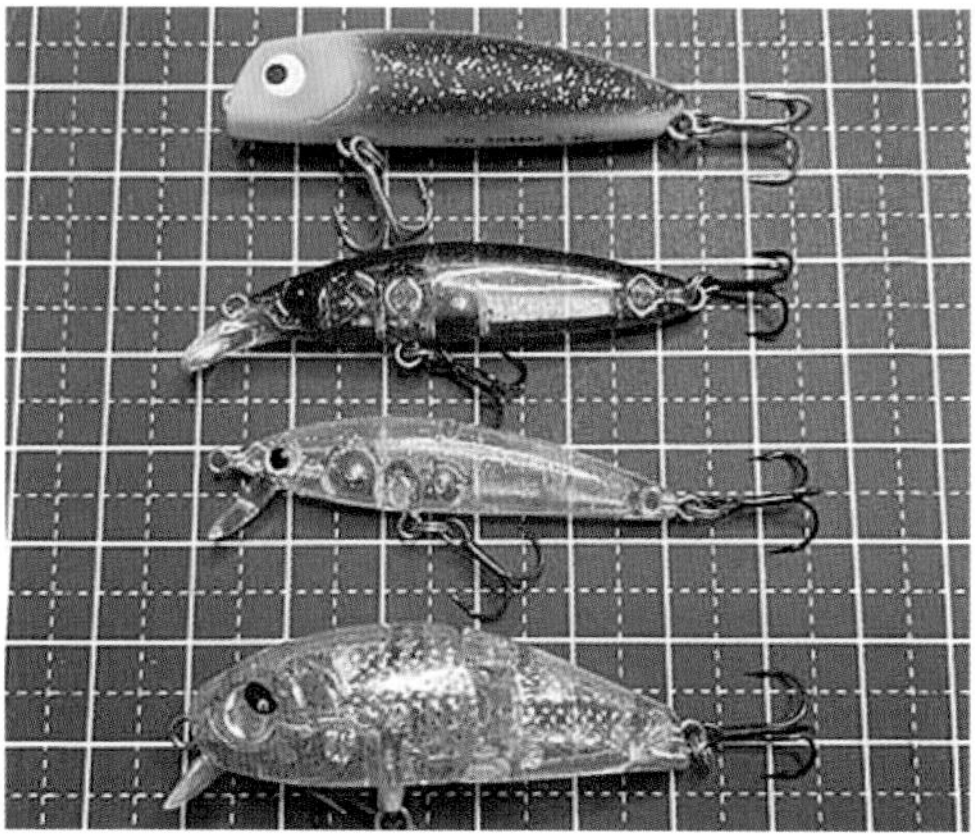

ミノー

ミノー

ミノーはリップが付いているため、何度投げても同じレンジを引いてきやすく、再現性の高いプラグと言えます。フローティングとシンキングの2種類があり、フローティングはリールを止めると浮くプラグで、シンキングはリールを止めると沈むプラグです。その特性を利用して使い分けるといいでしょう。

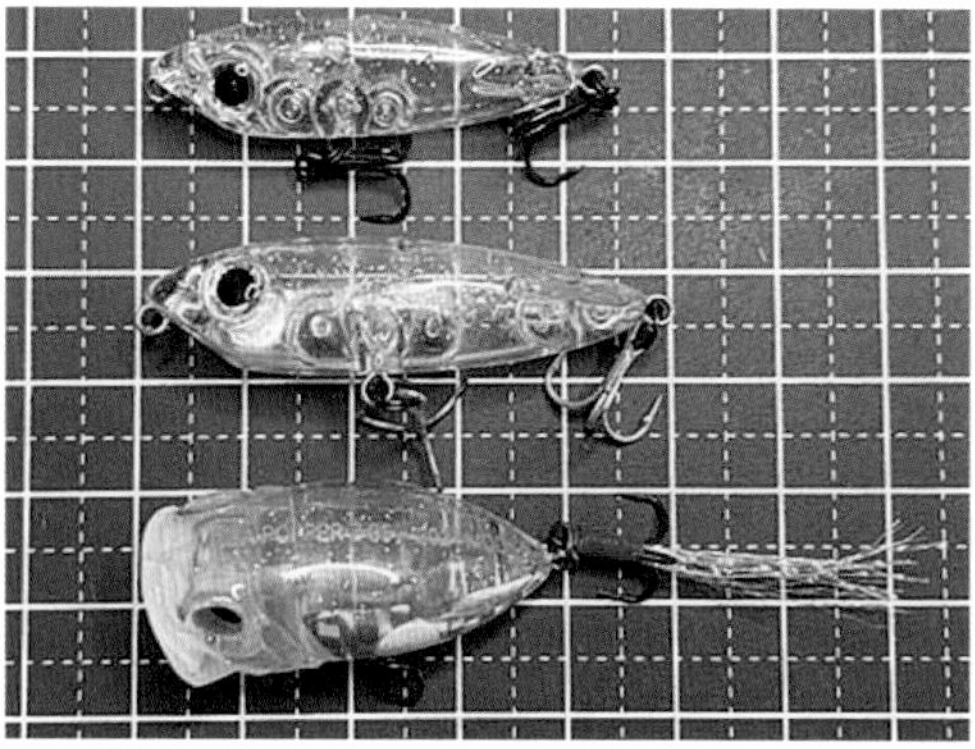

トップウォーター

フローティングでは、リールを3回転ごとに3秒ほどポーズを入れ、プラグが浮上してくるときに食わせます。このパターンでしか反応しないときがあるので、ぜひ試してみてください。

　シンキングはリールを止めるとスローに沈んでいくため、スローフォールで反応するメバルに有効です。また、流れがある場所では、プラグをドリフトさせて流れに漂わせる釣り方にも適しています。

トップウォーター

　トップウォータープラグは、沈まずに水面を引くことができるプラグです。とくにマイクロベイトをメバルが捕食するためにボイルしているときに役立ちます。

　基本的にはただ巻きでかまいませんが、それで反応しない場合は、スローリトリーブをしながらトゥイッチしてアピールすると反応することがあります。また、活性が高いときは、水面にただ浮かべておくだけで釣れることもあります。

カラーの重要性

　メバリングでは、プラグでもワームでもカラー選択が重要です。まったく反応がなく今日はダメかとあきらめ半分でカラーを変えると、いきなりバタバタと釣れることもしばしば。カラーよってはアタリすらないこともめずらしくないため、状況に合わせたカラー選択が必要です。

　この状況にはこのカラーというパターンをつかむことができれば、今までよりも数釣りを楽しめるようになるでしょう。

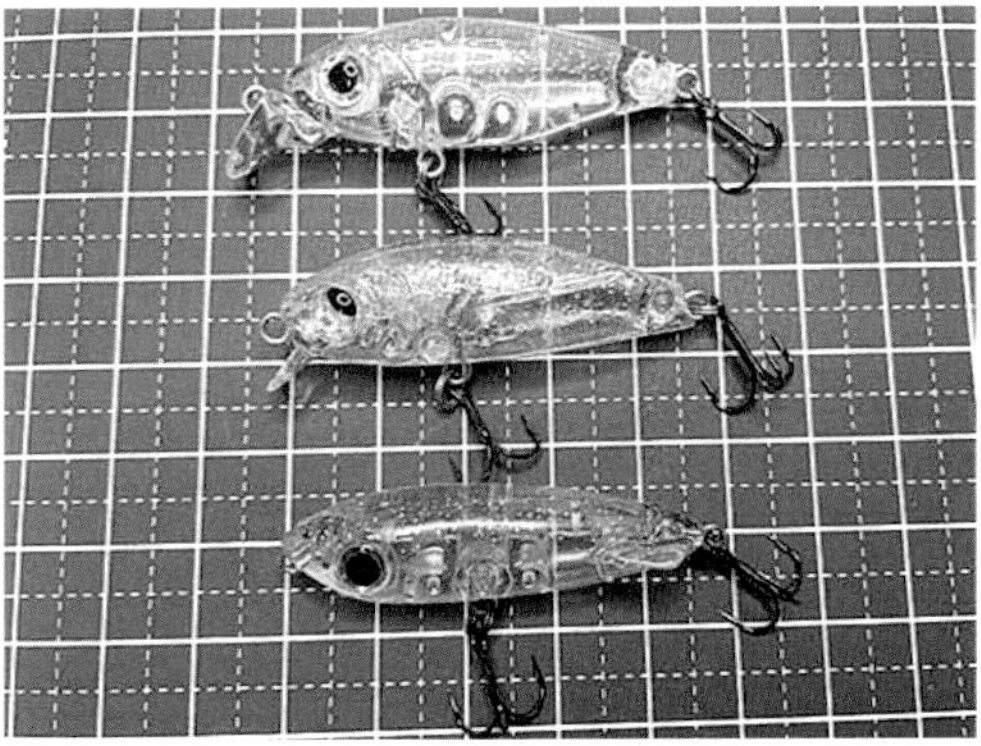
クリアー系プラグ

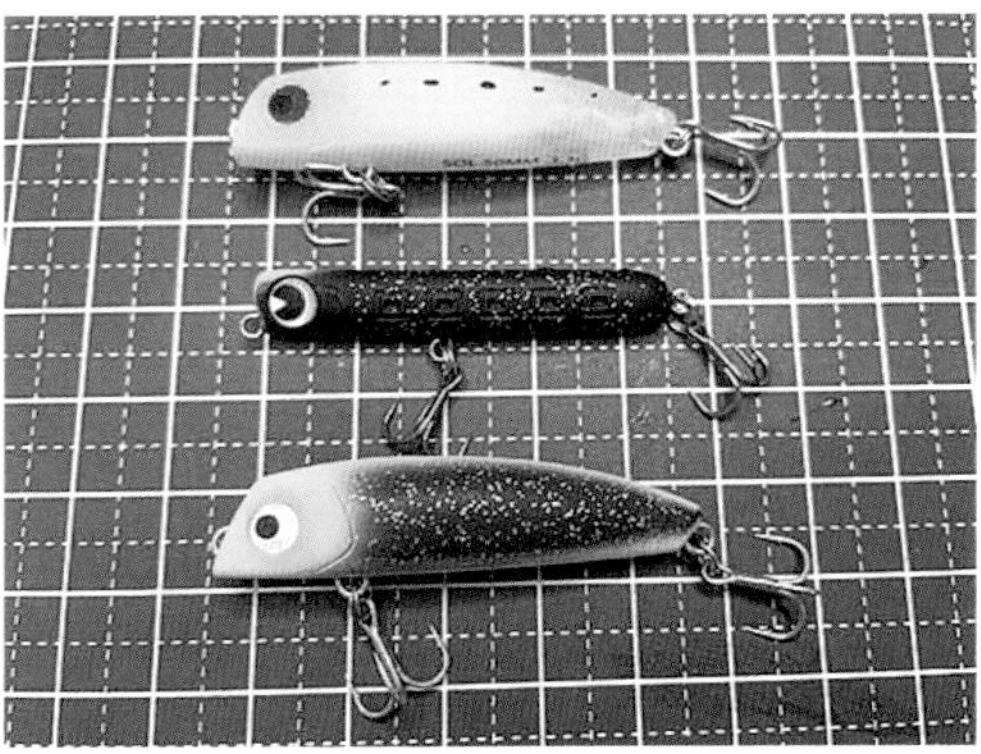
ソリッド系プラグ

カラーの種類と特徴

メバル用プラグのカラーには、クリアー系とソリッド系の2つがあります。

クリアー系

クリアー系はルアーが透明なカラーのことで、メバルプラッギングにおいて基本となるカラーです。ピンクやチャートなどのカラーがあり、ラメが付いているものもあります。

どんなパターンでも対応できるため、メバルプラッギングを始める人はクリアー系をまずは押さえておきましょう。

ソリッド系

ソリッド系はクリアー系とは異なり、透明ではなくシルエットがハッキリと出るカラーのことです。マイクロベイトがいるときや、月が出ているときの使用頻度が高く、ブラック、チャートなどが代表的なカラーです。

カラーローテーション

カラーローテーションも一例として、2つの代表的なパターンを紹介します。

アミパターン

アミパターンは、メバリングにおいて難易度の高いパターンと言われています。

基本的にクリアー系が有効で、まずクリアーラメで探ります。それで反応がなかったり、アタリがあってもフッキングしない場合は、グローグリッターにチェンジ。この2つのカラーを持っていれば、アミパターンでは十分釣りになるでしょう。

マイクロベイトパターン

マイクロベイトパターンでも、まずはクリアーラメを選択します。それで反応がない場合は、ソリッド系のカラーにチェンジ。シルエットをハッキリとさせたいときはブラック、またはチャートを選ぶといいでしょう。

ちなみに、月夜のときは、シルエットがハッキリしたカラーに反応することが多いようです。それで反応がない場合は、フラッシングでアピールするシルバーに変え、反応があるかどうか探ってみましょう。

PART. 4
エギング

PART.4 エギング

手軽にスリリングなファイトが楽しめる！

陸っぱりエギングのターゲットとなるイカは、アオリイカがメイン。季節によっては大型のアオリイカも釣れ、スリリングなファイトを楽しむことができる。

春は大型に出会えるビッグチャンス

エギングのシーズンは？

アオリイカの釣れる時期は、春の5～7月の親イカシーズンと、秋は9月から水温の下がる12月ごろまでです。

春の親イカ狙いは、アオリイカの産卵シーズン前。浅場の海藻類に卵を産みつけにやってくるキロアップの良型が狙えます。産卵を意識した個体を狙うため、ホンダワラやアマモなどの海藻があるポイントが狙い目です。

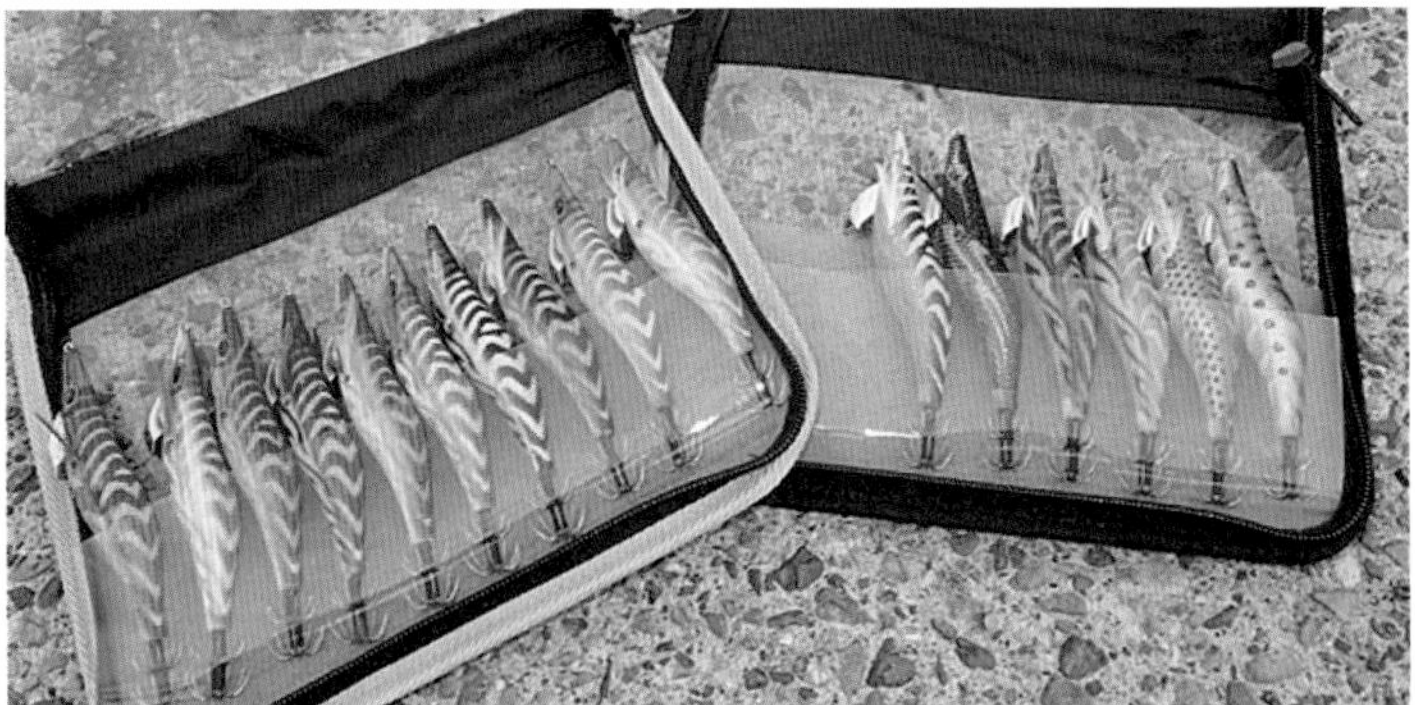

エギは種類を用意しよう

どこで釣れるの？

春は産卵場所がキーになりますが、秋は防波堤や磯場はもちろん、サーフ、水深の浅いゴロタ浜、湾の奥などが狙い目となります。ただし、すべてエサとなるベイトが集まることや潮通しのいいことが条件です。

防波堤であっても海底にある変化が重要で、カケアガリやシモリなどがあるところは、イカが群れでいることが多いです。また、足元の基礎石周りも、しっかり狙えば釣果を伸ばせるでしょう。

数が狙える秋はエギング入門に最高の季節

釣れる時間帯は？

釣れる時間帯は朝、夕方のマヅメ時の実績が高いですが、日中であっても潮の流れやヨレているポイントがあれば釣れます。

水深があるディープエリアのボトム付近、障害物が多くあるポイントなどをテンポよくラン&ガンしてみましょう。

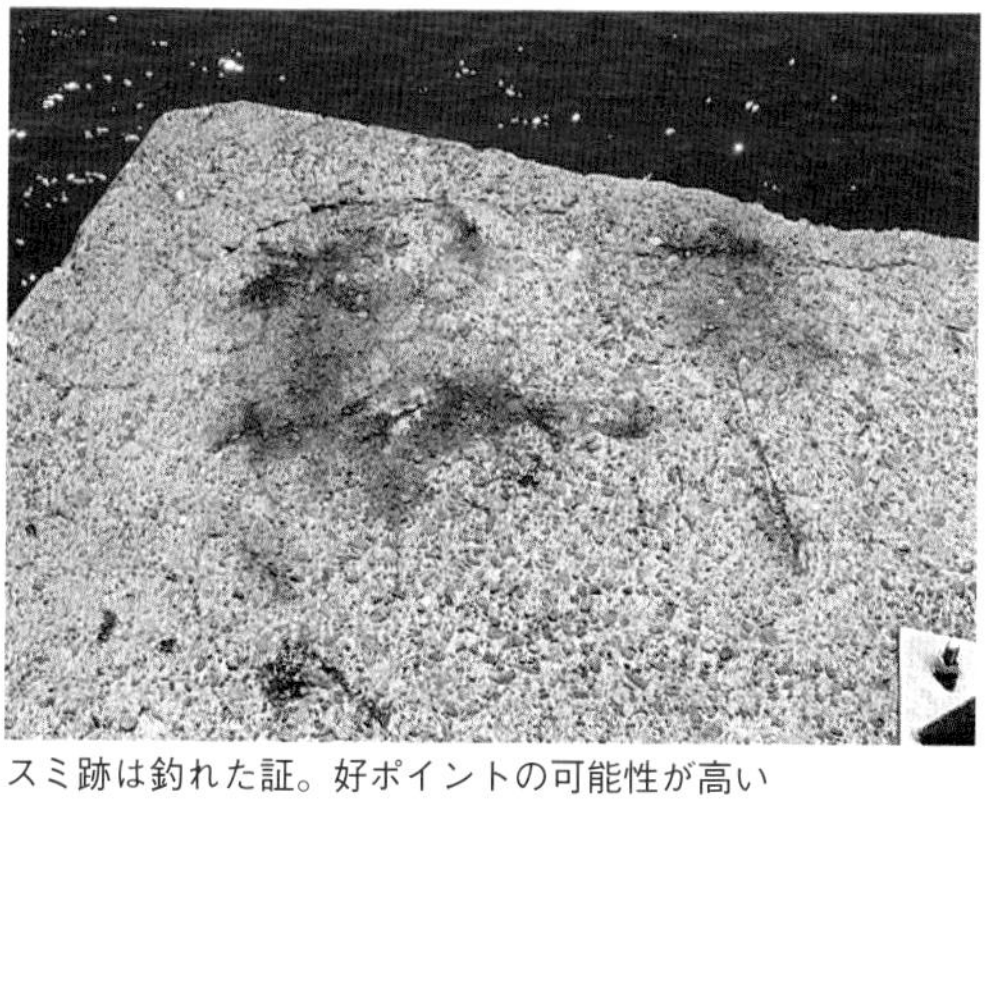

スミ跡は釣れた証。好ポイントの可能性が高い

大型との出会いを楽しもう！春の陸っぱりエギング攻略

春は陸っぱりで大型のアオリイカに出会えるビッグチャンス。ここではモンスターアオリとの出会いをナビゲート。アオリイカの生態やアプローチ、マル秘テクニックを紹介しましょう。

アオリイカの生態と春のエギング

アオリイカの寿命は約1年。晩冬から春に生まれた子イカは、夏から秋にかけて大量のエサを摂取し、急激に成長します。その後、低水温を避けるため沖の深場で越冬し、春の訪れとともに沿岸部に接岸。水深の浅い入り江や島影などの波の静かな藻場で産卵します。

また、一般的にオスはメスよりも大型に成長し、その見分け方は胴体部の白い模様が横線であればオス、斑点模様であればメスといった具合です。

アオリイカは目がよく、水中の音や振動を察知する器官も非常に発達していて、捕食意欲も旺盛です。そのため、ルアー釣りの定番ターゲットであり、エギと呼ばれる疑似エサを使用し、多くの釣り人が楽しんでいます。とくに春は親イカのためサイズがよく、800グラム前後〜1キロがアベレージサイズの地域も。最大で3キロを超す釣果報告もあります。

狙うフィールドと時間帯

親イカはカップリングを行ない、

オス（左）とメス（右）の模様の違い

産卵直後は捕食に対する意欲が著しく低下します。しかし、沿岸部への接岸後、生命を維持するため産卵床周辺でエサを求め、どう猛なフィッシュイーターへと変貌するタイミングがあります。「産卵」と「捕食」、この2つのキーワードに釣り人が着目するのはそのためです。

藻場周辺はド定番のポイント

　まずは、産卵床となるアマモやホンダワラが生育する藻場周辺を狙うことがド定番。水深の目安は3〜15メートル前後。とくに潮通しがよく、ウネリなどの影響を直接受けにくいフィールドは卵の生存率が高く、孵化後の子イカのエサが豊富なため、多くの親イカが集結します。

朝夕マヅメはチャンス

　また、外洋に面する堤防先端や磯場周辺も、捕食意欲の高い親イカの回遊が望める高確率ポイントです。アオリイカは潮目を移動する習性があることも覚えておきましょう。

　さらに、水温も非常に重要な指標で、15度以下になると著しく捕食意欲が低下するため、春の時期であれば20度前後のエリアを探してみましょう。

　時間帯は朝夕のマヅメ時がもっとも実績が高く、ナイトゲームではアオリイカが視覚でエサを判断しやすい月明かりに照らされる満月の夜がオススメです。

　アオリイカは濁りを嫌うため、海水が白っぽいなどの場合は早めのポイント移動も視野に入れ、釣行計画を立てましょう。

タックルと装備

エギングはバシバシとエギを跳ね上げるシャクリの動作が基本となり、シャープなロッド操作が要求されます。そのため、ロッドは先調子のエギング専用モデルが耐久性の面でも安心でき、軽い力でエギの操作が可能です。

オススメのレングスは、遠投性と操作性のバランスを考慮して8・5フィート前後。秋の子イカシーズンなど通年楽しみたい場合は、適合エギサイズ3・5号程度のMLもしくはMパワーモデル、春のモンスターサイズに重点を置く場合は4号程度のMHパワーでもいいでしょう。

メインラインは水中でのライン抵抗を考慮し、PEライン0・6〜0・8号。リーダーの結束は根ズレ対策のため必須となり、フロロカーボンラインの2号程度を選択しましょう。2キロオーバーでも安心してファイトが楽しめ、飛距離と強さのバランスを意識したセッティングです。

春エギングのエギ

ルアーのサイズは、春の親イカシーズンでは3・5号が基本です。

カラーについては、エギの表面に巻かれる上布とその下地に貼られるカラーテープの二重構造となっており、状況に応じたカラーチェンジは釣果を伸ばす重要な要素となってきます。

使い分けとしては、下地は定番の金系とシルエットがはっきりする赤系を中心に、上布は光量の少ない朝夕のマヅメ時はオレンジやピンク系、日中や潮の澄んでいる場面では紫や銀系の地味カラーに加えて、紫外線に反応してボワッと発光するケイムラカラーもオススメです。

夜はライトを当てると発光する夜光カラーも試してみるといいでしょう。状況を考え、独自の考察でカラー選択を楽しんでください。

エギは 3.5 号が基本

釣り方とテクニック

ここからは、釣り方とテクニックを紹介していきます。

キャストとレンジの考え方

キャストは、振りかぶった際、ロッドにエギの重みを感じてから振り抜きましょう。とくに朝夕のマヅメ時はチャンスタイムのため、活性の高い個体に狙いを絞ります。底をとるという固定観念はいったん捨て、5秒、10秒とアクションを開始する水深を表層から順に下げていくほうが効率的です。いきなり根掛かりさせて、アオリイカに警戒心を与えることだけは注意しましょう。

その後、反応がなければ底付近のアプローチが有効となり、着底は海面に吸い込まれているラインが止まる、またはラインテンションが抜けるなどが合図となります。

シャクリ動作

誘いとなるアクションは「シャクリ」と呼ばれ、エギを左右に大きく跳ね上げることで、アオリイカの捕食意欲を刺激します。

1回のシャクリに対し、リール1回転が基本となり、ロッドとリールハンドルを握った形で上方向にラインをパシッと弾く感覚でシャープに動かします。

その際、リールのハンドルを持っていることによりリールは自然と1回転し、手首とヒジの力を抜くことでスムーズなシャクリ動作が行なえます。回数に制限はありませんが、3～4回を1セットと考えましょう。

フォールとアタリのとり方

エギングでもっとも重要なタイミングが、シャクリのあとのエギを沈める「フォール」です。

大型を狙える絶好機だ

アオリイカがエギに抱きつく間を与える動作となり、シャクリ後はスッとロッドを斜め下方向に構え、ラインテンションは張らず緩めず程度を意識します。これを「カーブフォール」と呼び、多くのシーンで活用する基本です。その際、エギは海中でゆっくりと円弧を描くイメージで沈んでいきます。

　アタリの出方としては、ロッドの穂先がグッと持っていかれる明確なアタリから、海中に吸い込まれるラインが止まる、テンションが緩むなどがあります。とくに視覚が制限されるナイトゲームでは集中力が必要となり、手元に伝わる感覚が頼りです。変化や違和感があった際は、迷わずヒジを起点に力強くアワセを入れましょう。アワセが決まったときは壮快そのものです。

　また、リールのドラグは、シャクリやアワセを入れた際にチリッと滑る程度に調整しておくことで、アワセ切れや掛かりが悪い際の身切れなどを防げます。

ファイトとランディング

　ヒットした際は、焦らずやりとりを楽しみましょう。イカ類特有のジェット噴射は横走りがなく、ロッドの弾性やリールドラグを活用して受け止めます。

　もっとも注意してほしいポイントは、ヒットからとり込みまで絶対にラインのテンションを抜かないこと。エギのカンナ部分にはカエシがないため、テンションが抜けることは即バラシに直結します。

　また、とり込みの際はギャフ、ネット、どちらの場合もアオリイカの胴側（頭）からアプローチしてください。ロッドを寝かすと海面に浮いてきやすいことも覚えておくといいでしょう。

強烈なジェット噴射を堪能しよう

PART.4
エギング

もっとも数釣りが楽しめる！秋の陸っぱりエギング攻略

秋はエギングを始めるのにピッタリの季節。一年でもっともアオリイカの数釣りが楽しします。ここでは秋イカの生態から最適なタックル、狙い方などを詳しく紹介していきます。

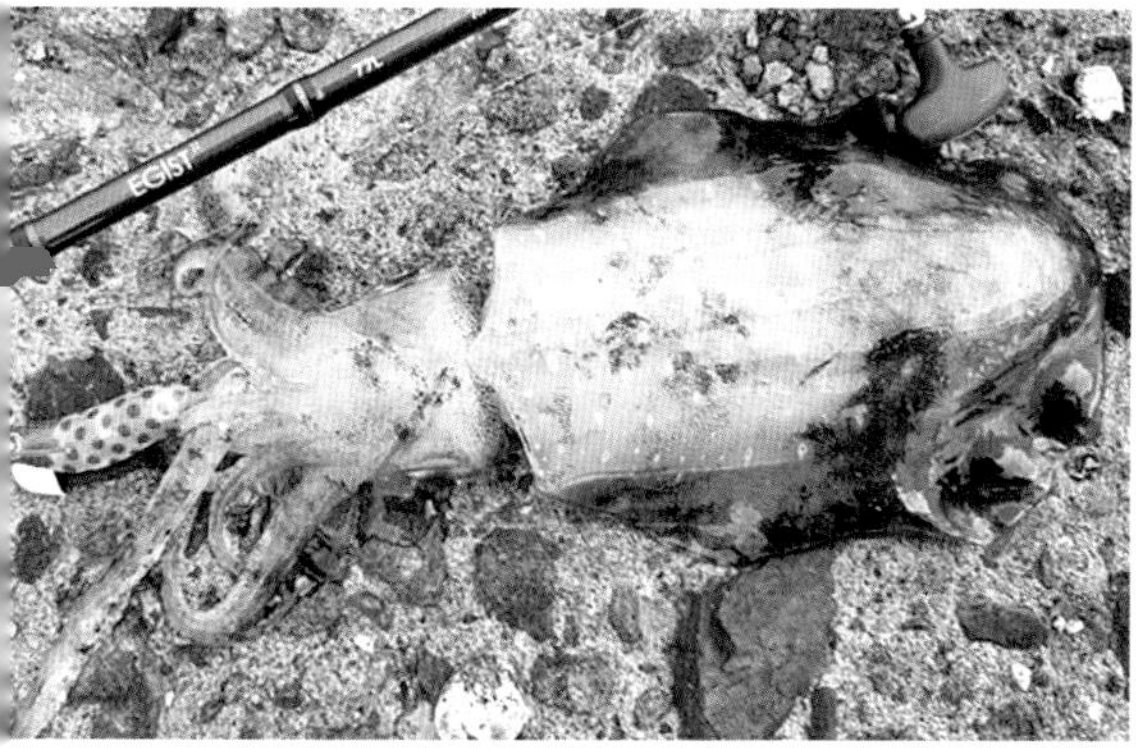

秋は絶好のエギングシーズン

春の親イカは海の中で過ごす時間が長くて賢いため、釣り上げるのはむずかしいのですが、新子は好奇心が強く、エギを見つけるとエサとまちがえて、躊躇なく抱きついてきます。それゆえに、初心者でも簡単に釣り上げることが可能です。

秋アオリイカの特徴

春に産卵し、初夏に孵化したアオリイカは、初秋に１００〜３００グラム、晩秋には５００グラム〜１キロサイズになります。一年魚のアオリイカにとって、秋はもっともエサを食べて成長する季節です。

初秋は大型青物に食べられる危険性があるため、磯の浅場や漁港内など比較的穏やかな海で生活しています。エサも小魚やエビなどを好んで捕食。外敵に襲われると真っ白になってエギにまったく反応しないことも多いので、初秋は夜よりも昼のサイトフィッシング（見釣り）のほうが数釣りしやすいです。

晩秋になるとアオリイカも大きくなり、外敵を気にせずに浅場から外洋の深いところで回遊するようになります。そうなると、磯場の岬や堤防先端など回遊待ちの釣りが有効で、この時期は夜のほうが釣りやすくなります。

最適なタックル

秋イカに最適なタックルは、7〜8フィートのL〜ML調子のエギングロッドと、2500番前後のスピニングリール。ラインはPEライン0・6〜1号と、フロロカーボンリーダー2〜3号の組み合わせが望ましいです。

短いエギングロッドを使うのは、自重の軽い10グラム前後の2・5号のエギをシャクルときにダートさせやすく、水面から飛び出しにくいからです。また、ダートさせたあとに、イカの小さなアタリをとるためにロッドをサビきやすく、さらに軟らかいライト調子のロッドはイカの腕が身切れしにくいというメリットもあります。

ラインに関しては、PE1号であればリーダー3号以下、PE0・8号であれば2・5号以下、PE0・6号であれば2号以下を使う基準が設けられています。基準以上の太いリーダーを使うと、根掛かりしたときに結節部から切れてしまうの要注意です。

また、1・5号など必要以上に細いリーダーを使うと、シャクリ切れのような不本意なトラブルの元になるので、太めのラインから始めてみましょう。

必要なエギの種類

9〜10月にかけてメインで使うエギは2・5〜3号。1キロ以上のサイズはほとんどいないので、100〜500グラムの小型アオリイカがメインとなります。アオリイカは胴長の1／3〜1／2の大きさのエサを好んで食べるので、エギの大きさも合わせてあげましょう。

エギのカラーを替えながら数釣りをしよう

3・5号を投げれば一発大物狙いもできますが、ボウズになる確率も高いので、釣果を求めるなら断然小さいエギを使ったほうがいいです。

エギの大きさの使い分けとしては、飛距離が出て目立つ3・5号でイカを沖から寄せて、手前で2・5号を使って抱かせるというテクニックもあります。釣り場には2・5号と3号を多めに、3・5号は少なくといったように、各サイズを持っていきましょう。

狙うポイント

9～10月上旬の初秋によく釣れる300グラムサイズは、ブリやカンパチの若魚などに食べられてしまうため、それらの青物が入ってこない浅場や漁港内で生活しています。青物の活性が低い夜は表層付近まで浮いてきますが、昼間は漁港内の消波ブロックや沈み根、水中に延びるロープなどに身を寄せています。

一見すると姿が見えないので、障害物の1～2メートル横にエギを投げ、底まで沈めてから表層1メートルくらいまで一気にシャクリ上げてみましょう。そうすると、体を真っ黒にして数尾のイカが追尾してくることがあります。エギに近づいてきても、あえてイカに抱かせないように何度か動かすと、興奮してたまらずエギに抱きついてくるでしょう。

沈み根の様子

釣り方

イカをじらすと、エギをしっかり抱いて離さなくなるので、バラシも少なくなります。エギを動かすときはエビが跳ねるようにすばやく、イカが抱いたら身切れしないようにゆっくりロッドを立ててフッキングさせましょう。

初秋は湾内の消波ブロック狙い

消波ブロック周辺で釣る場合は、10～20メートルほど先に投げてシャクリ上げます。秋は春のように底周辺を攻めるよりも、表層までシャクリ上げてイカの追尾がなかったら5メートル間隔で移動し、イカのいる場所を見つけるのが数釣りの秘訣です。イカの群れがいたら、スレないようにエギのカラーを替えながら数釣りを楽しみましょう。

晩秋は外洋で狙える

晩秋になると青物から食べられない500グラムサイズに成長し、漁港や浅場にいたアオリイカも次第に外洋へと移動します。そうなると、回遊待ちの釣りも有効になり、沖から近づいてくる潮目や堤防の先端にできるヨレを狙って効率よく釣れるようになります。夜釣りの場合、青物の存在は気にしなくてもかまいませんが、昼間のサイトフィッシングを楽しむなら、この狙い方を覚えておきましょう。

堤防先端のヨレの様子

初秋は2・5号のエギを中心に、遠投や大物狙いには3号。晩秋は3号を中心に、活性が高ければ沈下速度の速い3・5号、悪ければ沈下速度の遅い3号スローや2・5号というふうに使い分けましょう。

そのほかの装備

サイトフィッシングには、キャップと偏光サングラスが必需品です。アオリイカを誘い出すとき、偏光サングラスがあると水中がよく見えます。イカの活性が低いときは水面下2〜3メートルまでしかエギを追ってこないので、偏光サングラスをかけない

キャップと偏光サングラスは必需品

とイカの存在に気づけません。

イカの姿が見えると、反応によってエギのカラーや大きさを替えたり、アプローチ方法を変えられるので、エギングがもっと楽しくなるでしょう。

まずはフィールドを観察

数釣り達成の重要ポイント

秋イカ狙いの釣りで、確実に1杯ずつ釣果を伸ばすためのメソッドを紹介しましょう。

フィールドに着いて行なうこと

まずは、海面の浮遊物を確認。これは「潮の流れ」を安易に確認できる目安なので、ぜひ実践してください。ポイントによっては、潮の流れでアオリイカの回遊ルートがあるかないか分かれる場合もあります。

また、堤防上の墨跡など確認することも大事。釣れた実績の確認、立ち位置といった釣果を得るのに少しでも役に立つファクターとなります。

さらに、海底の地形確認も大切です。潮が澄んだポイントなら偏光サングラスを使用して障害物やブレイクラインの確認など、自身の立ち位置から変化のある場所を目視できます。日中に得た情報は、ナイトエギングでも武器となるでしょう。

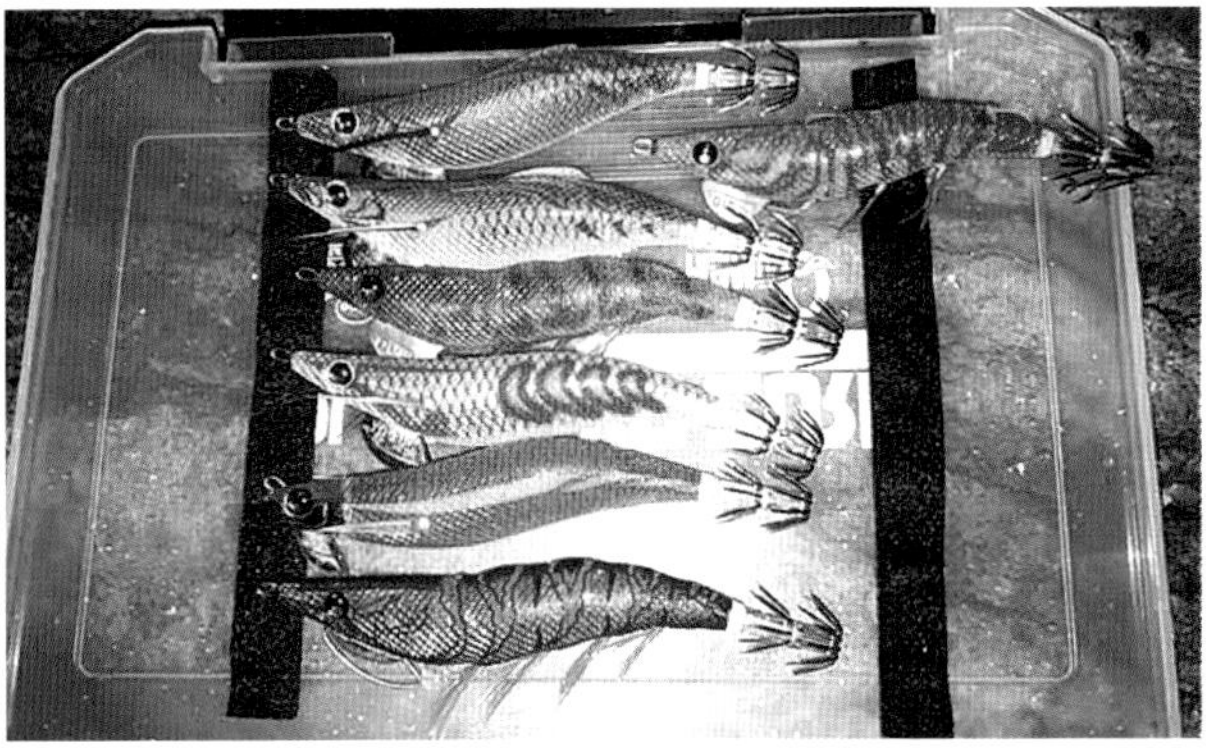
多種多様なエギ

エギの選択

エギのサイズは、新子だと2・5〜3・0号が主体となってきます。タイプは大きく分けて大分型、足付きのエギと2種類。それぞれアクションが異なるので、使い分けが有効です。

秋イカはフレッシュな個体が多く、好奇心が高め。エギを見つけた瞬間、猛ダッシュで距離を詰めてくることもあります。とくにナイトエギングでは、エギを目視できないため、イカがエギを抱くまでの動きを想像してアクションすることが重要です。

カラーは、新月・満月で基本的に使用色が異なります。秋イカでは派手な色を基本に使用し、状況に応じたカラー選択をしましょう。闇夜の赤テープや月夜のシルバー、ケイムラといった基本的なカラーでOKです。

ラインの選択

ラインは大別すると、水に沈む「シンキングライン」と水に浮く「フローティングライン」の2種類があります。

まず、シンキングラインのメリットには、「風の影響を受けにくい」「ウネリのあるときにラインが水面下に沈むことから海水になじみやすい」「一定の層をトレースするのに有効」「潮の動きのある層を見つけやすい」などが挙げられます。

PE ラインと新素材ライン

一方、「ラインが沈むのでエギが前に動きやすくなる」「根ズレが多くなる」「ラインが重い」などの難点があり、それらを把握して使い分けることが大切です。

フローティングラインは、エギの移動距離を少なくしてアピールさせられる＝じっくりとエギを見せられるところがメリット。ラインが軽く、飛距離も稼ぎやすいのも大きな武器です。

デメリットは、風の影響や波の影響を受けやすいこと。潮の流れを点でアプローチしかできないこともウィークポイントと言えるでしょう。

ただし、縦系のアクションが得意なエギには有効。場所や状況に合わせて、適切な「アクション」「タックルセッティング」「エギ選択」を心がけましょう。

良型ゲットに笑顔

PART.4 エギング

「初めて訪れる堤防」の攻略法

まったく知らないポイントに入るときの高揚感は何事にも代えがたいもの。自分で考え抜き、探し当てたアオリイカには、釣りの醍醐味が詰まっています。

堤防エギングの魅力

堤防でエギングをするメリットといえば、何といってもアクセスと足場の良さでしょう。車で近くまで行けて、足場がよいので釣りに慣れていない人でも入りやすい反面、ハイプレッシャーな場所が多く、難易度もアップ。よく「スレる」と表現されますが、釣り人が多い場所ほど、アオリイカを釣り上げるのはむずかしくなります。

墨跡のチェック

イカが釣れるシーズンになると、堤防にぽつぽつと墨跡が見られるようになります。チェックすべきはこのぽつぽつ付いている墨跡ではなく、異常に黒くなっているポイント。想定できる可能性としては、以下の

一般的な堤防の風景

シャロー―では体力のある大型個体が

2つがあります。
・水中に何か沈んでいる可能性
・イカの回遊ルートである可能性

水中に障害物となる何かが沈んでいれば、定期的にイカが居着くポイントになります。また、完璧ではないものの、イカの回遊ルートにもある程度のクセがあるため、同じ場所に墨跡が付きやすいと言えるでしょう。これらを狙うことで、イカとの遭遇率を高めることができます。

シャローから狙う

堤防におけるシャロー帯とは、大きく分けて「港内の船を降ろすスロープ付近」と「外海の堤防の根元側」の2箇所。この2つのポイントは、水深が浅くなっていることが多いです。

シャロー帯から狙う理由は、水深が浅いため、エギをイカにコンタクトさせやすいことが1つ。もう1つは、ベイトを追い込んできているため活性がとても高く、エギを通せば釣れる状況もめずらしくないことです。

シャローにイカがいるか、いない

かを見分けるには、ベイトの有無に注意するといいでしょう。水温が低いなど状況がよくない場合でも、ベイトがたくさんいれば、体力のある大型の個体がシャローで釣れることはあります。

狙うポイント

基本的に堤防は、多くの釣り人がすでにエギを投げ込んでいるという前提を持っておくといいです。ここで狙うべきポイントは2つ。「とにかく飛距離を出して竿抜けポイントを狙う」「見落としがちな足元、堤防の基礎を狙う」です。

遠投で竿抜けポイントを狙う

飛距離に関しては、単純に距離を稼ぐことを考えればOK。4号などの重いエギを使う、ロッドを長く強くする、ラインを細くする、飛距離が出るチューニングを施す……などなど、いろいろな方法を試してみましょう。

見落としがちな「足元」

見落としがちな足元は、一級ポイントと言えます。とくに堤防の規模が大きくなればなるほど、足元の堤防の基礎がつくるブレイクに沿って回遊したり、居着いていることは多いです。堤防から垂直方向にエギを投げるだけでなく、少し斜めに（堤防に平行ぎみに）投げるといいでしょう。

堤防の折れ曲がったポイントや、少し飛び出たポイントを見つけたら、そこから堤防に対して平行に投げ入れることで釣果が伸びることがあります。

自然な動きを演出してアオリイカにエギを抱かせよう

PART.4
エギング

「釣れる潮」と「釣りにくい潮」とは？

エギングにおいて、釣果を左右する要素の1つが「潮」。ここでは、釣りやすい潮と釣りにくい潮、それぞれがどのようなもので、どう対処すればいいのかを説明します。

潮流

海にはつねに何かしらの流れがあり、それを「潮流」と呼びます。そして、この流れにはさまざまな種類があり、エギングゲームにも強く影響します。代表的な潮流パターンと対処法を紹介しましょう。

払い潮

払い潮とは、自分側から沖向きに流れる潮で、ラインにテンションをかけやすく、まっすぐに安定してエギをフォールさせることができるので、「釣りやすい潮」と言えます。

ただ、あまりにも払い出しが強すぎて、ラインを張るとエギが浮き上がってしまうような状況では、沈下速度の速いエギに変えるか、追加シンカーなどで調節するといいでしょう。

当て潮

よく言われる「当て潮」とは、払い潮とは逆に、自分側へ向かって流れてくる潮です。エギも手前へと流されるため、ラインテンションも張りづらく、アタリをとることにも苦労するので、「釣りにくい潮」の代表と言えます。

左右の流れ

左右への適度な流れは、潮の流れを利用し、キャストしている位置から扇状に広く探ること（ドリフト）

潮流がエギングに影響を与える

もできるので、比較的「釣りやすい潮」と言えます。

　しかし、潮流が速い場合では、あっという間に流されてしまうこともあるので、流されることを想定して潮上にキャストしたり、広いポイントであれば流れに合わせて移動、もしくは向きを変えて対応しましょう。

ウネリ&底揺れ

　ウネリはさまざまな原因で発生しますが、ウネリのある状態ではエギを安定させることが困難なだけでなく、釣りをすること自体危険な場合があるので、安全を考慮して釣りを中止、もしくはウネリの入っていない湾内や港へ移動しましょう。

　海が荒れたあと、浅場では底揺れ（海底の流れが前後に振動する）が残る場合があり、ウネリと同じくエギを安定して操作することが困難なため、エギングには不向きです。

潮色・水質

　続いて海水の透明度や色について代表パターンを紹介していきます。

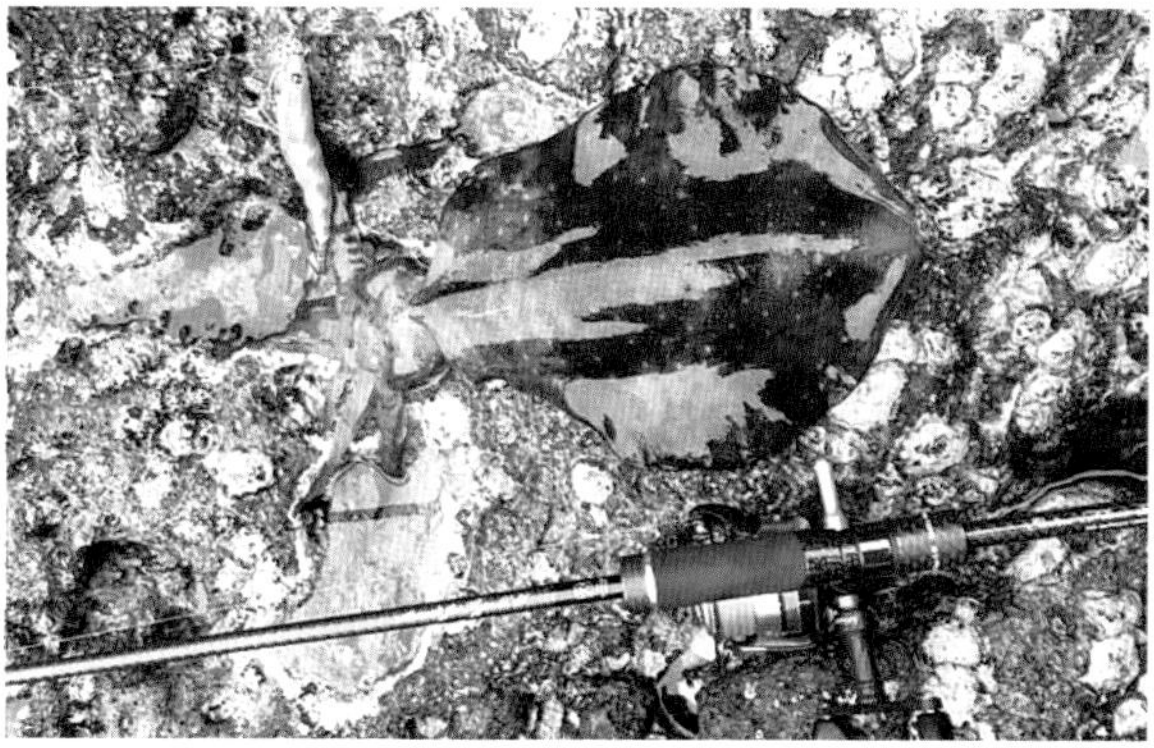
水色の変化にも注意

澄み潮

　海中の透明度の高い状態。視覚で狩りをするアオリイカにとって、澄み潮はエギを発見してもらいやすい反面、見切られやすいとも言えます。

濁り潮

　うっすら濁っている程度では、澄み潮とは逆にアオリイカの警戒心を和らげ、エギを見切られにくくする効果があるので「釣りやすい潮」と言えます。濁りの程度によっては、視覚を頼りに補食を行なうアオリイカからエギが発見しづらくなる可能性もあります。

赤潮

　赤潮とは、海中のプランクトンの異常繁殖によって起こる現象で、高水温期に発生します。海面に赤茶色の帯のように目視でき、海水中の酸素量が著しく低下するので、魚の活性も下がります。

水潮

水潮とは、大雨や雨後に河川から流れ込む真水によって、海水の塩分濃度が下がってしまう現象で、塩分濃度に敏感なアオリイカをターゲットとするエギングにとっては「釣りにくい潮」と言えます。

水温

最後に、水温についても高水温と低水温に分けて紹介していきます。

高水温

アオリイカは元来、暖かい潮を好むイカなので、高い水温にも比較的強い種と言えますが、急変を嫌うため水温の安定がキーポイント。また、真夏の高水温期では、海中の酸素濃度が低下している場合、濁りや赤潮が発生しやすい状況になるので、そのような場合には潮通しのいいポイントを狙うといいでしょう。

低水温

アオリイカは活動限界が15度くらいと言われており、低水温期ではエギに対する追いが鈍くなります。

冬場は、水温が変化しにくい深場や、低いなりに数日水温が安定している場所を選択しましょう。

潮位には最新の注意を

足場の低いシャローエリアや磯場は、潮位によってガラッと表情が変わります。潮位が低いときには露出して渡れていた岩が、潮が満ちると水没して帰れなくなってしまうことや、波が高くなれば飛沫をかぶってしまったり、最悪の場合、波にさらわれてしまう事故にもつながります。釣りに夢中になりすぎて周囲の状況を見落とすと、取り返しのつかないことにもなりかねません。

そのポイントで入釣可能な潮位や当日の風・波予測を確認し、危険のないプランを立てるよう心がけましょう。

水温の安定がキーポイント

PART.5

シーバスゲーム

PART.5
シーバスゲーム

年間のシーズンと釣り方

海、河川の汽水域、運河など、幅広いエリアに生息しているシーバス。ここでは年々盛り上がりを見せるシーバスゲームの年間のシーズンと生態について解説します。

一般的なスズキはマルスズキ

シーバスは海、河川の汽水域、運河など、幅広いエリアに生息しています。成長とともに、セイゴ→フッコ→スズキと呼び名が変わる出世魚で、どう猛なフィッシュイーターです。小魚だけでなく、エビ、カニなどの甲殻類も好んで捕食します。

ひとくちにシーバスと言っても、大別して2種類のシーバスを狙うことができます。

マルスズキ

一般的にシーバスといえば、こちらを指します。漁港や河川、運河など、エサがいるならどこにでも姿を見せる魚です。最大で1メートルを超える個体もおり、身近で狙えるビッグターゲットとして人気を博しています。

あまり身近ではないヒラスズキ

ヒラスズキ

マルスズキと比べると体高があり、引きも強烈。磯場が生活圏で、雨後や荒れている日は河川などにも入ってくることがあります。

こちらも最大で1メートルを超える個体がいますが、少し特殊な釣りになるので、多くの釣り人にとってあまり身近な魚ではありません。

シーズンごとのメインベイト

シーズンごとのメインベイトを確認してみましょう。

春のベイト

春がやってくると同時に、それに合わせて港湾部や運河に、バチ、ハク（ボラの幼魚）、アミなどの姿が多く見られるようになってくるため、シーバスの格好のベイトとなります。

夏のベイト

春に比べて成長したイナッコ（少し成長したボラの幼魚）が見られるようになり、それらを捕食。また、水温の上昇に伴い、エビやカニなどの甲殻類の動きが活発になるため、それらも好んで食べています。

秋のベイト

生き物が活動しやすい時期のため、イナッコ、イワシ、サヨリ、コノシロなど、大小さまざまな魚種が湾奥にも入ってくる時期であり、冬の産卵に備えてそれらのベイトを活発に捕食します。

冬のベイト

ベイトとなる小魚の数がグッと減

ルアーに掛かったベイト

季節にマッチした釣り方で攻略

少する季節ですが、場所によっては小魚が入り込んでところもあり、それらがシーバスにとって格好のベイトとなっています。

各季節のオススメフィールド

続いて、シーズンごとにオススメのフィールドと釣り方を紹介しましょう。

春のフィールドと釣り方

少しずつ気温が上昇してくるにつれて、シーバスの活性も上がってくる好シーズン。産卵で体力を使ったシーバスが、体力回復のためにベイトを積極的に捕食する時期でもあります。河川、運河、港湾部など、どこでも釣りやすい絶好のチャンス。メインベイトが小さいため、小型プラグなどが有効です。港湾部は潮回りによって夜にバチも抜けるため、そちらも積極的に狙いましょう。

夏のフィールドと釣り方

気温とともに水温もグッと上昇する夏は、魚もより快適な環境を求め、流れがあって比較的水温が上昇しにくい河川を好むようになります。夜よりも日中のほうが大きく潮が動くため、ナイトゲームよりもデイゲームが有利。遠投して広範囲をスピーディーに探れる鉄板バイブなどが有効です。潮目や地形変化を見逃さず攻めましょう。

秋のフィールドと釣り方

河川、港湾部、運河に大小さまざまな種類のベイトが出現するため、シーバスもそれを追って大量に入ってきます。フィールドによってベイトが違うため、ベイトの大きさや動きに合わせたルアーをチョイスすれば好釣果を得られるでしょう。

冬のフィールドと釣り方

水温がグッと下がり、産卵に備えたシーバスが水温の安定している深場へと移動するため、陸から釣る難易度が高くなる季節。ボートで沖に出て、深場をジギングで探る縦の釣りが有効となります。

ちなみに、産卵にからまない小さな個体（セイゴ）は港湾部や運河でも狙えるので、冬はそれを専門に狙うのも1つの楽しみ方。大潮〜中潮の潮回りで起こる河川のバチ抜けは、大型（ランカー）を狙えるタイミングなので、こちらも狙ってみる価値があるでしょう。

釣行フィールドで決まるロッド選び

商品展開が幅広く、セレクトに頭を悩ますシーバスロッド。ここでは、住んでいる地域をベースに理想の一本を選ぶ方法を解説していきます。

重いルアーを使うならベイトタックルが有利

地域によってルアーは異なる

シーバスゲームにおける全国の標準ルアーとはどのようなものでしょうか。

釣り人によって基準があるので一概には言えませんが、9～12センチのミノーと答える人がもっとも多いと思います。たとえば中部地方の一部など、9センチ以下のシンキングペンシルやミノーが一般的なエリアもありますので、この全国的な標準にはあまりピンとこない人もいるかもしれません。

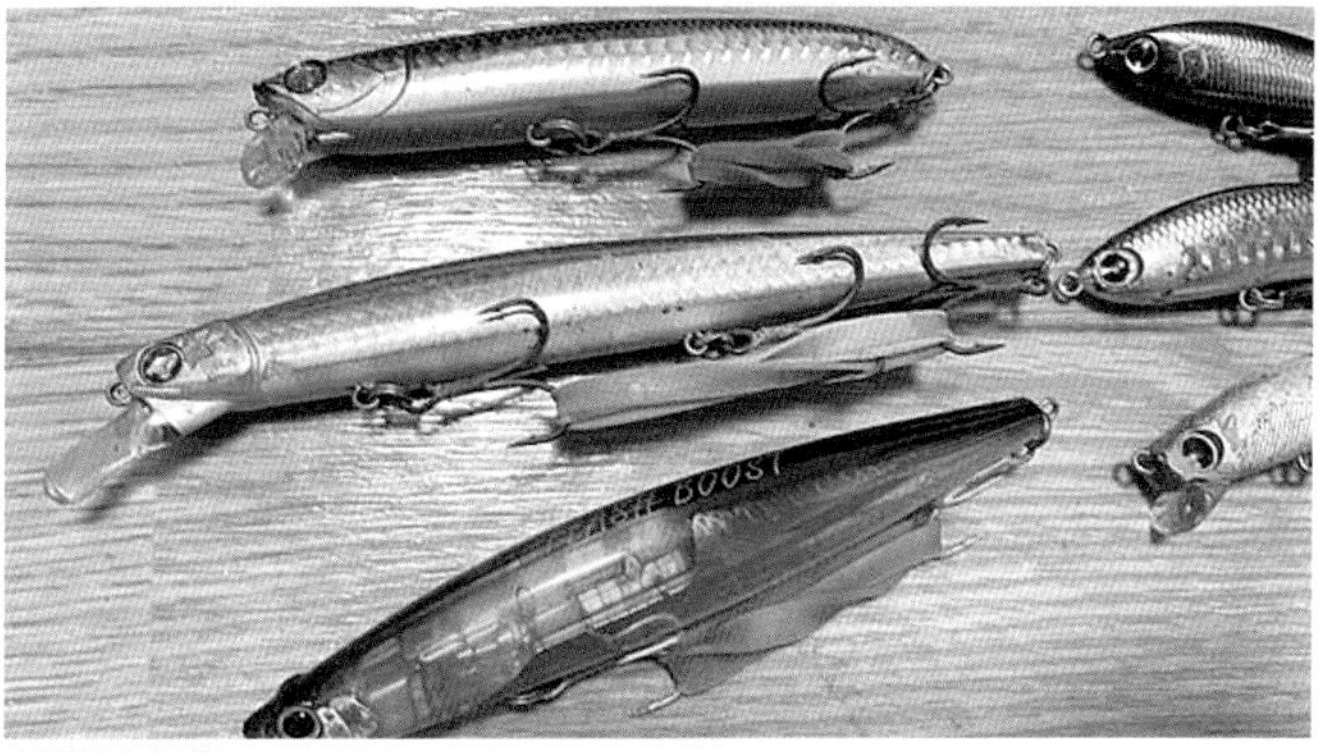

全国的な標準ルアーは 9 ～ 12cm

都市部は小粒ルアーが主流？

都市部に近いほど河川や護岸は整備が進み、橋脚や杭、橋からの明かりなど、魚が居着く人工的な場所が多くなり、ポイントは絞りやすくなります。そして、多くの釣り人がそこを狙って魚へのプレッシャーが強くなるため、都市部では小粒のルアーが使われることが一般的です。

一方、小規模河川が少なく、また護岸整備されていないエリアでは、飛距離とアピール力が必要になるため、9～12㌢のミノーがよく使われています。

都市部では 9cm 以下が一般的

標準の90ML

使用ルアーが変われば、そのルアーを操作するロッドも必然的に変わってきます。最初の一本として選ばれるもっとも多い規格は「90ML」でしょう。長すぎず短すぎず、硬さもちょうど中間。これ一本でいろいろなルアーに対応することができます。

都市部では短竿が有利

護岸整備され水辺の近くまで降りられる都市部では、川幅も比較的狭

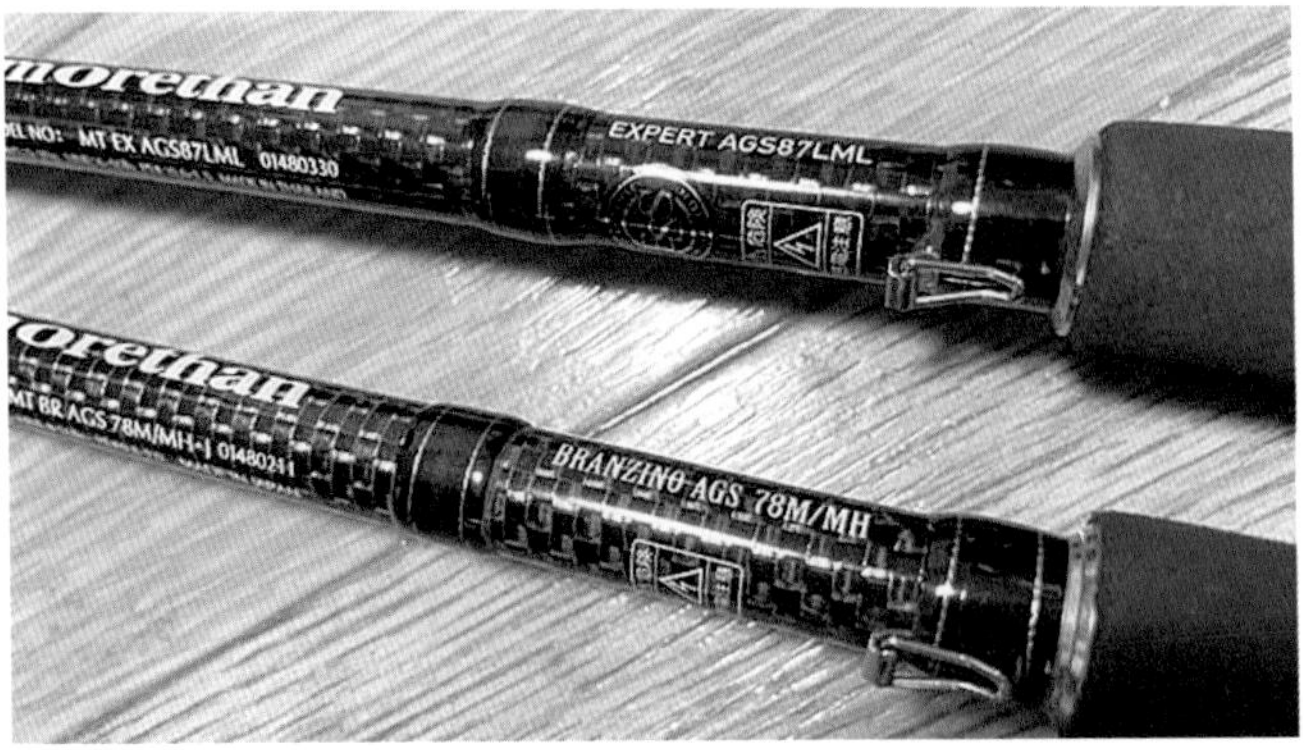

都市部は短竿にメリット

く、釣り人と魚との距離が近くなります。また、護岸には後ろが壁の場所も多く、長いロッドでは後ろに振りかぶれないところも。さらに、橋が掛かっていてもその下の隙間が狭く、長いロッドではアンダーキャストすらままならないこともめずらしくありません。

地方では長竿が有利

このように小場所が多い都市部では、標準の90よりもすこし短い8フィートクラスがオススメです。メインフィールドによっては、7フィートクラスでもいいでしょう。

短いロッドならキャストの精度も上がり、狭い場所でのファイトもしやすいはず。持ち運びも便利で、都市部にぴったりです。

地方では長竿に軍配

一方、地方は護岸整備されていないところも多く、川幅も広い場所が多いです。人工物も少ないので、魚がどこにいるのかわかりづらいでしょう。そのため、ルアーもアピール力の強いものを使って、飛距離を出して魚を探さなければなりません。

また、足場が悪かったり、磯場で障害物を避ける必要がある場合も多いと思います。堤防やテトラ帯での釣りの場合も、基本的に長いロッドのほうが飛距離やファイト時に有利なことが多いです。

ちなみに、硬めの長竿ならば、青物の回遊があったときに兼用することもできます。

よく行くフィールドで判断

ここまで住んでいる場所による基準を紹介してきましたが、都会住みでも地方遠征によく行く人、地方でも水路や橋脚周りをランガンするのが多い人なら、選択肢も少し異なってくるはずです。よく行くポイントや近くの実績ポイントを想定し、ベストな一本を探してみてください。

スピニングリールの選び方

ビッグベイトなどの大きめのルアーが普及し、それに対応したベイトリールを用いる釣り人も増えてきていますが、入門者にはスピニングリールがオススメ。選び方を紹介します。

青物も視野に入れて 4000 番がオススメ

ボディは4000サイズ

シーバス狙いで選ばれるリールサイズは、おおむね２５００～４０００番サイズです。最近のリールは安価なものでもかなり軽量化が図られており、４０００番サイズでもリールの自重が２５０グラム以下のものが手に入るようになってきています。

汎用性の高さで選ぶなら、オススメは４０００番。青物を狙うのに必要なラインの巻き量とパワーを備えるため、ライトショアジギングにも流用可能です。

シーバス専用機でいいならば、軽く、取りまわしもいい３０００番クラスがいいでしょう。

ハイギア？ローギア？

ボディサイズの次に迷うのは、ギア比でしょう。だいたい３０００番クラスのローギアだとハンドル１回転の巻き量が70センチ程度に対して、ハイギアだと90センチくらい。ハンドル１回転で20センチ程の差があります。

この差をどうとらえるかは意見が分かれるところですが、汎用性で選ぶならハイギアリールがオススメです。デイゲームでのシーバス狙いや

ギアはハイギアに軍配

ライトショアジギングで使う場合、ルアーに速い動きが要求されるケースが多く、巻きが遅いと見切られてしまうことがあるからです。

また、ルアーの回収が早く、手返しがよくなるところもハイギアの長所。ナイトゲームは基本的にスローなアクションなのでローギアのほうがやりやすいですが、いろいろな局面に対する対応力を考えるとハイギアに軍配が上がります。

頑丈さも要チェック

シーバスゲームで使用するルアーのなかには、かなり引きの抵抗が強いものがあります。これらのルアーをしっかりコントロールするためには、リールにパワーが必要です。なるべく頑丈なものを選びましょう。

シーバスは根に潜ったりすることがないので、杭がびっしり入っていたり、牡蠣が生えているようなポイントでないかぎり、パワーファイトは不要です。掛けてからはドラグを使ってラインを出せるので、ラインも細くてOK。頑丈なリールでしっかりルアーを操作し、本命をキャッチしましょう。

ルアーをコントロールするため頑丈なものを

ルアーのカラーセレクト術

春はバチ抜けやアフター回復の大型が狙える絶好のチャンスであり、1年のスタートとも言える季節。本項では、シチュエーション別にルアーのカラーを考察していきます。

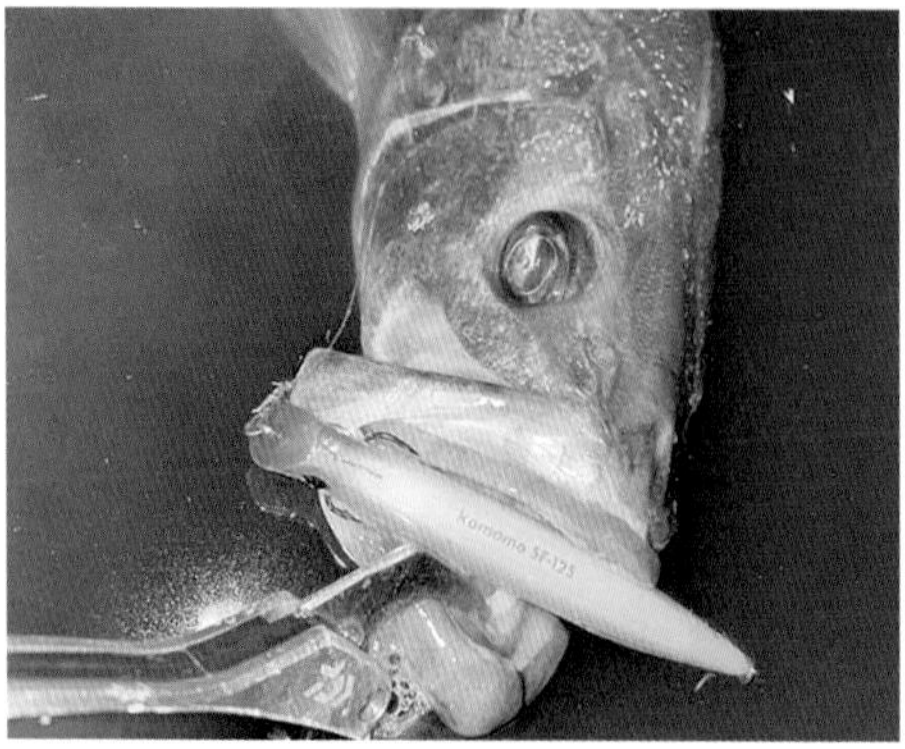

チャートカラーにヒットしたシーバス

色によって反応が違う

シーバスは居着きの個体を除くと、基本的に群れで回遊してくる魚です。そのため、数を釣っていると、その日の当たりカラーが出てきます。

また、頻繁に濁りが入るエリアでは、目立つ色がよかったり、水質がクリアな磯場などではリアル系カラーがよかったり、地域性も見られます。

しかし、こういった傾向をまったく無視したカラーが爆釣することがあるのも、シーバスゲームのおもしろいところです。

大きく分けると5色しかない

オーソドックスなシーバスルアーのカラーを大別すると、おおよそ5つに分類できます。

・ゴールド系（ゴールドレインボー、パープルゴールドなど）
・シルバー系（イワシ・ボラ・レッドヘッドなど）
・クリア系
・パール系（チャートバックパール、パールレッドヘッドなど）
・チャート系（ピンクや黄色など水中でもハッキリと視認できるもの）

どのカラーもいずれかに分類できるので、すべての状況に対応するには最大5つ持っておけばいいということになります。たくさんカラーがあってどれを買うか悩む……というときは、手持ちのルアーを見て、持っていない分類の色から選ぶといいでしょう。

場所×シーズン×ベイト

この分類からさらに色を絞るなら、まず場所から絞ってみましょう。海側であれば、ある程度水がきれいであることが多いでしょうから、シルバーのリアル寄りな色。河川であればある程度の濁りを考慮し、ゴールド系やチャートをセレクトしてもいいかもしれません。

次はシーズンです。冬場はプランクトンが減って水がクリアになるので、見切られないためにもクリアやシルバーといったなるべくおとなしい色を。夏はその逆です。

ゴールド系カラー

シルバー系カラー

クリア系カラー

パール系カラー

最後はベイトです。イワシやボラは見たとおりのシルバー。アジは金色、カニやシャコなどの甲殻類は茶色や黒っぽい。ベイトになっているものに対して近い色を選択します。

こうして1つ1つ要素を考えると、かなり色が絞れるはずです。

チャート系カラー

オススメはクリア

それでも迷うという人は、クリアカラーを選ぶという手も。クリアを最初の1つで選ぶ人は少数でしょうし、そんな色の魚はシラスくらいしかいません。でも、クリアは釣れます。濁っていても釣れます。

人気のスポットでは、つねに釣り人が入れかわり立ちかわりルアーを投げており、釣りにくい状況です。つまり、チャートなどの目立つ色は見切られやすくなっているわけです。ぜひクリアカラーをお試しあれ！

クリア系のルアーでキャッチ

春の「バチ抜け」パターン攻略

春のバチ抜けパターンの釣り方を紹介。シーバスを狙ううえでもっとも簡単と言われるだけあって、押さえるべき点を押さえれば、イージーに釣果を得ることができます。

場所によっては７月まで楽しめるバチ抜けシーバス

バチ抜けを攻略しよう

春のシーバスを狙う釣り人にとってなじみの深い「バチ抜け」パターン。イソメやゴカイなどの多毛類をひっくるめてバチと呼び、そのバチの産卵行動、繁殖行動のことをバチ抜けと言います。

産卵に備えて海底からわき出たバチは、水中を漂い、ときには海面を埋め尽くすこともあるほど。そしてこの時期のシーバスは、産卵を終えて体力を回復したいタイミング。そこへ無防備にすばやく逃げまわるわけでもなくわいてくるバチは、労せずに口にできる格好のエサとなります。当然、シーバスがこれを狙わないわけがなく、私たち釣り人はそこを狙ってうまくすれば数釣りができるという寸法です。

ポイントさえ押さえればイージー

タックル

ロッドは食い込みのいいティップ

食い込みがいいソリッドティップがオススメ

の軟らかいものがオススメ。ソリッドティップ搭載のバチ抜け専用シーバスロッドがあればベストです。ほかにソリッドティップのメバリングロッドなども流用できますが、高弾性アジングロッドなどは破損のリスクがあるため、あまりオススメできません。

リールはスピニングの2500番前後で、メインラインはPEライン0・6〜0・8号、ショックリーダーに10〜16lb前後のセッティングで対応可能。あまりラインが太いと、流れにとられてしまうためオススメしません。

オススメルアー

状況によって表層からボトムまでレンジ別で攻略できるようルアーを用意しましょう。

具体例を挙げると、メインはハルシオンシステムのチキチータベイビーとチキチータバンビ92。このルアーのユニークなところは、同一ボディーでフローティングやシンキングモデルが存在するという点です。

ベイビーはフローティングとスローシンキング、サスペンドの3タイプ、バンビ92はフローティングとスローシンキング、シンキングの3タイプがあります。

ルアーの使用感はそのままに、タイプを変えることでレンジを刻むことができます。ほかにフローティングルアーでダイワモアザンスライ95F、ブルーブルーラザミン90、シンキングモデルでパズデザインフィールシリーズ、デュオマニックシリーズなど。

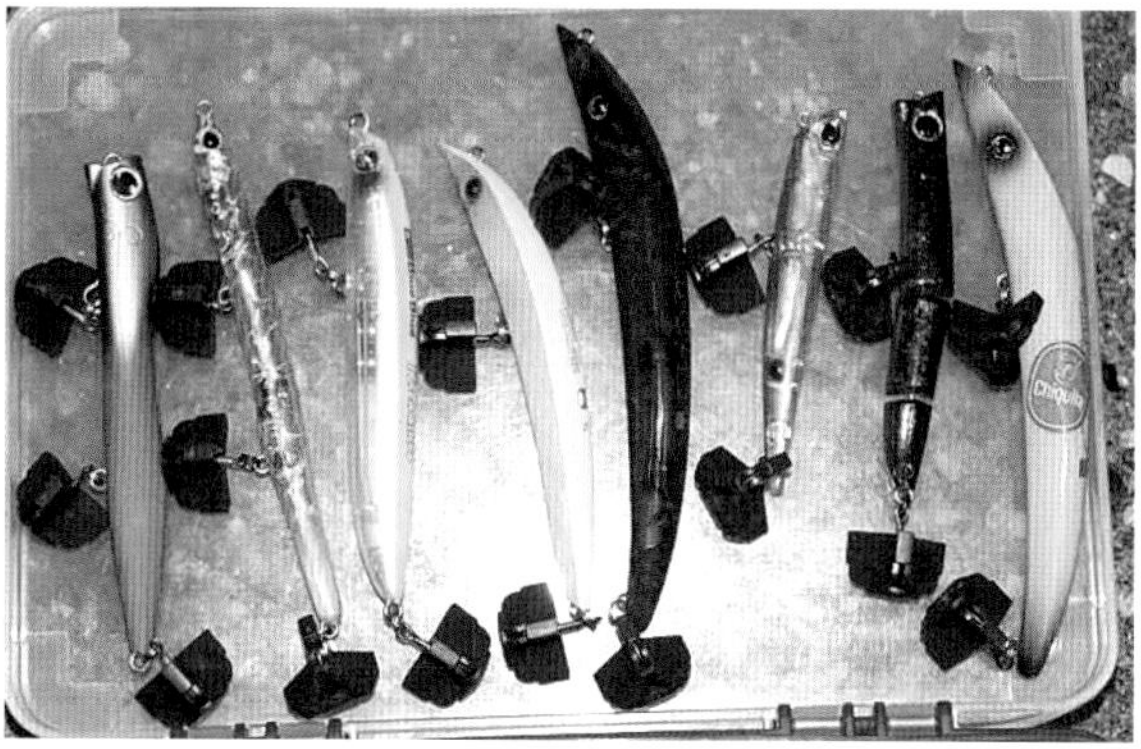
細身のルアーが中心

カラーは潮色に合わせて、最低限派手色と地味色、マットなベタ塗りカラーとクリアカラーを用意したいところです。

フック交換のススメ

バチを捕食するシーバスは、流れてくるバチをハフッとついばむだけの非常に弱い食い方をします。そのため、触れただけでも刺さる中〜細軸のフックに交換するのがオススメ。これだけで、ヒットまで持ち込める魚の数はかなり多くなるでしょう。

太軸のフックやハリ先がなまったフックだと、バイトはあるのに掛からないなんてことが多発するので要注意です。

バチ抜けのタイミング

2〜5月ごろにかけてが盛期で、時間帯は夜のみ。潮回りは大潮と、そのあとの中潮の満潮から潮が下げに入るタイミングが、もっとも活発

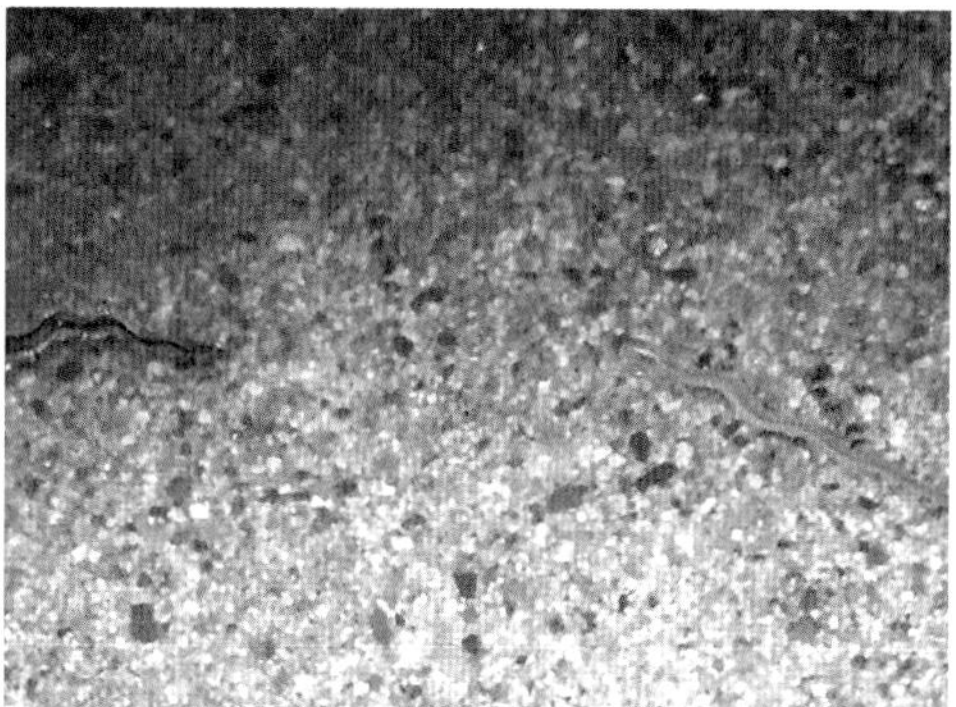
ゴカイなど多毛類が産卵のためわいてくる

ほとんどノーアクションで食ってくる

にバチ抜けが起きるタイミングです。潮が下げ始めてからおおよそ2時間の間が、激アツの勝負の時間となります。

フィールド

バチ抜けが見られるのは、川の河口や運河、漁港、干潟などで、なかでも比較的釣りやすいのが河口部です。初めてバチパターンに挑戦する人にオススメします。

ともすれば対岸にルアーが届いてしまうような小規模の河川でも、潮位により淡水と海水が行き来する河口部であれば、立派なポイントとなります。むしろ大河川よりもポイントを絞りやすくなるため、小規模河川のほうが釣りやすいと言えるでしょう。

ポイント

河口部だったらどこでもいいかというとそうではなく、狙うべきポイントがあります。それは流れのヨレやチャンネル、ブレイク沿いなど、変化のある場所です。

流れに乗ったバチは、より太い流れへと導かれていくので、ほかの場所よりも多く流れてきたり、密度が濃くなる場所があります。それがヨレやチャンネルであったり、川幅が狭くなる場所など密度が濃くなるところで、狙い目です。

また、シーバスはブレイク沿いやちょっとした深みなどに着くことが多いため、何もない場所よりも釣れる確率は高くなります。

釣り方

基本的にバチは流れに逆らって泳ぐ動きをしません。したがって、ルアーを上流に向かってキャストし、流れに乗せて自分の立ち位置の前まで引くというのが基本的な釣り方となります。自分の前をルアーが通りすぎると流れに逆らうアクションになってしまうので、自分を通りすぎたら回収して次のキャストをしましょう。

　流れに乗せてルアーを引くには、潮の流速とほぼ同じか、少しだけ速くリトリーブするのがコツです。潮の流れが１００だとすれば、それをちょっと上まわる１０１〜１１０くらいのスピードでルアーを引くことを意識しましょう。

　その程度のスピードでは、ルアーがアクションしないのではと思うかもしれませんが、そもそもバチは魚のように大きく動くものではないため、ルアーアクションはほとんどしていない棒引き状態でも十分釣れます。ロッドでアクションを加えることも、基本的にはしなくてＯＫです。

フッキング

　バチ抜けパターンでのシーバスのバイトは、非常に小さいショートバイトがほとんどです。ガツンと食うようなことはめったになく、小さくコツコツッときたり、モソッと重くなるようなバイトが出ます。

　ここで早アワセすると掛かりきらず、すっぽ抜けてしまうことが多いので、バイトが出たら少し速めにリールを巻き、竿先に重みが乗ったことを確認してからフッキングするといいでしょう。

レンジ別攻略法

　バチ抜けというと、各種メディアや動画サイトで観られるように、表層でボイルしまくりのフィーバータイムを想像する人がいるかもしれません。しかし、そこまでおあつらえ向きの状況に遭遇することはほとんどありません。

　ボイルがまったくなくて、表層に生命感を感じられないような状況でも釣れることがあります。それはバチの抜けるレンジが重要となってくるので、いくつかのケースを紹介ましょう。

表層

　まず、表層でボイルが見られる状況。これがもっとも簡単に魚を釣れる状態で、風や波がなく、水面が凪いでいるときに多いです。

　フローティングのルアーや浮き上がりのいいシンキングペンシルを使い、水面にルアーの引き波が出るように引きます。キャストの精度に自信があれば、ボイルした場所の上流に投げて、ボイル地点に流し込むことができれば高確率で食ってくるでしょう。

レンジ別にルアーをそろえよう

中層

次にバチが抜けているのは視認できるが、ボイルがなくバチが表層までは出てきていない状況。波風で水面が荒れていたり、潮が上潮と底潮に分かれるときに見られます。

サスペンドやスローシンキングタイプのルアーを使って、バチのレンジに合わせることでヒットを得られることが多いです。

ボトム

潮回りなどの条件はいいのに、バチを見ることができない状況。一見バチが抜けていないように思えますが、実はボトムレンジでのみバチ抜けが起きていて、いわゆる底バチと言われます。水面が荒れていたり、水温が低いときによく見られる状況です。

こうなると表層～中層のルアーには反応しないため、シンキングタイプのルアーを使ってボトムを攻めると釣果が期待できます。

シーバスを狙ううえでもっとも簡単に釣れると言われるバチ抜けパターン。押さえるべき点を押さえて釣りをすれば、イージーに釣果を得られるでしょう。ぜひ釣行してみてください。

小型のシーバスも高活性に

春～夏の「マイクロベイト」パターン攻略

ほかの魚が毎年同じ時期に決まったパターンで釣れるように、シーバスも春～夏にかけてマイクロベイトパターンが成立します。難易度チョイ高めのパターンについて解説します。

マイクロベイトパターンとは、シーバスがハクやシラスといった小さなエサを捕食しているときのことを指します。

春～夏ごろはこのパターンになることが多く、シーバスが小さいエサを偏食しているため、攻略難易度はチョイ高め。

でも、道具に助けてもらうことで攻略難易度はある程度下げることができます。

マイクロベイトの種類

春頃から夏にかけてはマイクロベイトと呼ばれる、非常に小さい小魚が接岸します。シラスやハクがその代表例で、おおむね5センチよりも小さいものがマイクロベイトという認識でかまいません。

ハク

このパターンにおいてもっとも釣りやすく、わかりやすいのがボラの稚魚であるハクがベイトになっているケース。地域差はありますが、だいたい5月ごろから接岸し、岸際や河川で群れている姿をよく見かけるようになります。

ボラの稚魚・ハク

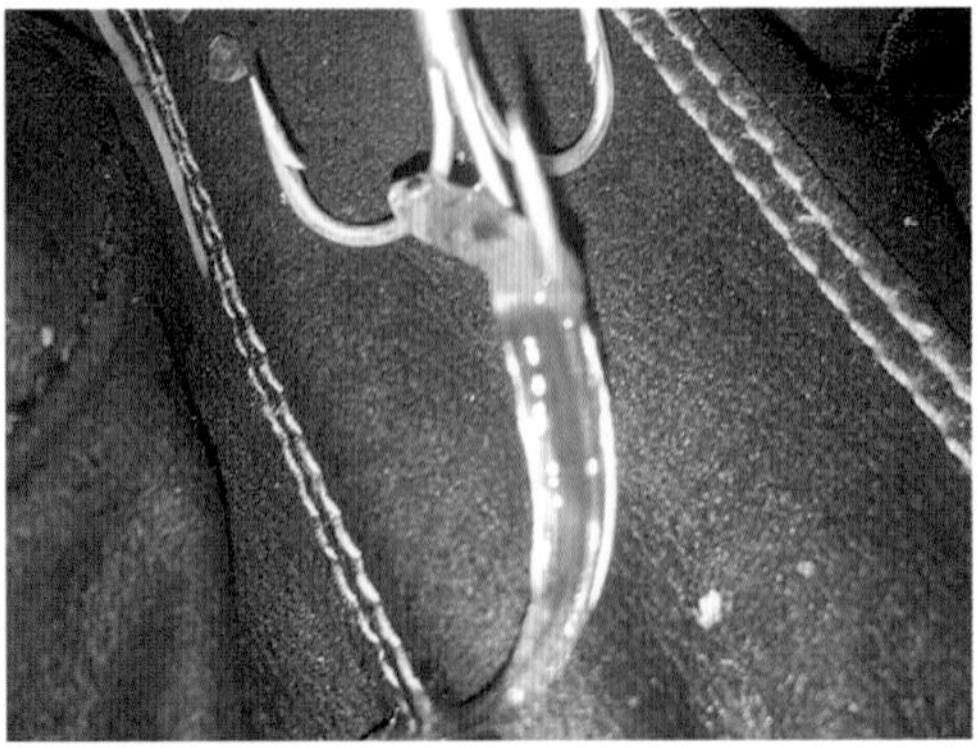
シラスはイワシやウナギなどの稚魚

シラス

イワシやウナギなど、いろいろな幼魚の総称です。透明で視認しにくく、ルアーに当たっても感じとれないため攻略難易度はかなり高く、そもそもシラスがパターンになっていると気づきにくいです。

水温が低い3月ごろまでに多く、それ以降はバチやハクといったベイトが出てくるので、無理にシラス着きを狙う必要もないでしょう。

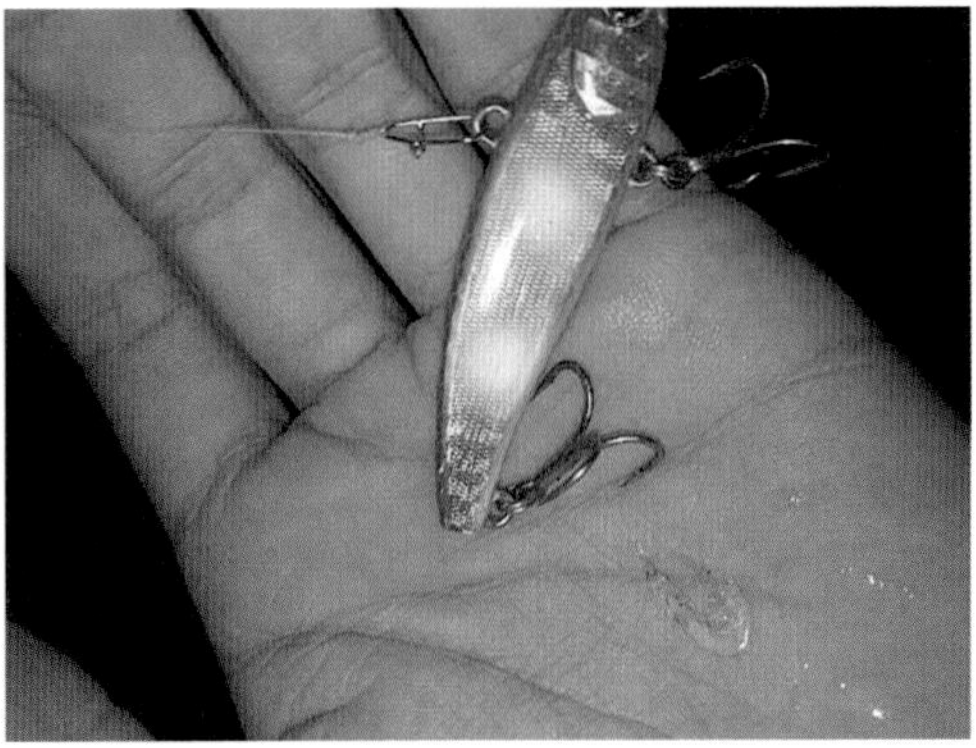
アミ類がベイトのことも

甲殻類

アミなどのエビ類がベイトのパターン。中層付近を漂うように泳いでいるので、攻略難易度は高めです。シラス同様、アミパターンしか成立しないような状況ではたいてい水温も低く、シーバスの活性も低いので、ほかに釣れているパターンがあるなら無理に狙わなくてもいいでしょう。

マイクロベイトパターンの特徴

マイクロベイトに対して総じて言えるのが、遊泳力が低いということ。流れに逆らって泳ぐような力はないので、ワンド状になっていたり、シャローなどの流れが緩やかになっている場所にたまりやすい特徴があります。そのため、意外な小場所がポイントになりやすく、河川の開いていない水門付近や反転流が起こっているポイントなど、地形が重要になってきます。

また、使うルアーもベイトサイズに準じて小さくなります。とくにこの時期はシーバスが小さいエサに固執しているので、小さいルアーにしか反応しないことが多いです。ルアーはなるべく7㌢以下を意識してそろえましょう。

狙い目となるポイント

最後に、狙い目となるポイントを紹介します。

河川

マイクロベイトパターンでもっとも狙いやすいハクが遡上してきます。河川筋は水深が浅く、ハクを視認しやすいので、ポイントとなる場所の目星をつけやすいです。水がたまる水門付近や流れ込み、用水路周りなどは必ずチェック。また、橋脚の後ろにできるヨレなどにもたまりやすく、シーバスが待ち伏せできる場所にもなるので、橋脚の下流側も忘れずチェックしましょう。

河口の常夜灯周り

常夜灯には多くのプランクトンが集まります。それを食べにマイクロベイトも集まってくるので、そこで食物連鎖が起こります。ハクが川を遡上する通り道となる河口では、確率がグンと上がるでしょう。

ビッグな１尾を仕留めよう

河川の中~上流域

シーバスは、完全な淡水域まで上がってくる魚です。堰などの障害物がなく、魚が海から上がってこられる川であれば、ある程度水深があってそこにエサがいるならば遡上してきます。

川幅が狭くなれば、釣り人としては魚を探す時間がグッと減りますし、ポイントを見切るかの判断も容易になります。

たとえば、住宅地の裏を流れているような場所にもシーバスは潜んでいるので、ぜひチェックしてみてください。

ワスプ 50s

マイクロパターンのルアー

マイクロパターンで使うルアーは10グラム以下がほとんど。軽いものだと3・5グラムくらいのものもあり、慣れていない人だと一般的なシーバスロッドで投げるのが困難です。

シリテンバイブ 53

以下、入門者にも使いやすい、ただ巻きで使えるオススメのルアーを4つ紹介します。

ワスプ50S

ワスプ50Sは、シーバス用にしては軽すぎるけれども、メバル用にしては重い6グラムのシンキングペンシル。中途半端なサイズであるがゆえに、これまであまり存在しなかったサイズとウェイトですが、マイクロパターンに鬼ハマりします。

使い方は投げてゆっくり巻くだけですが、ドリフトや水面引きなどもできるので、けっこう幅広く活躍してくれます。

スライ 95

シリテンバイブ53

シリテンバイブ53は、レンジが低いときやマイクロベイトがいるのにボイルしないときにオススメです。バイブレーションなので、小粒ながら飛距離が出せます。最大の特徴はシリコンボディ。ルアーの波動が小さくなり、よりマイクロベイトに近い動きが出せます。

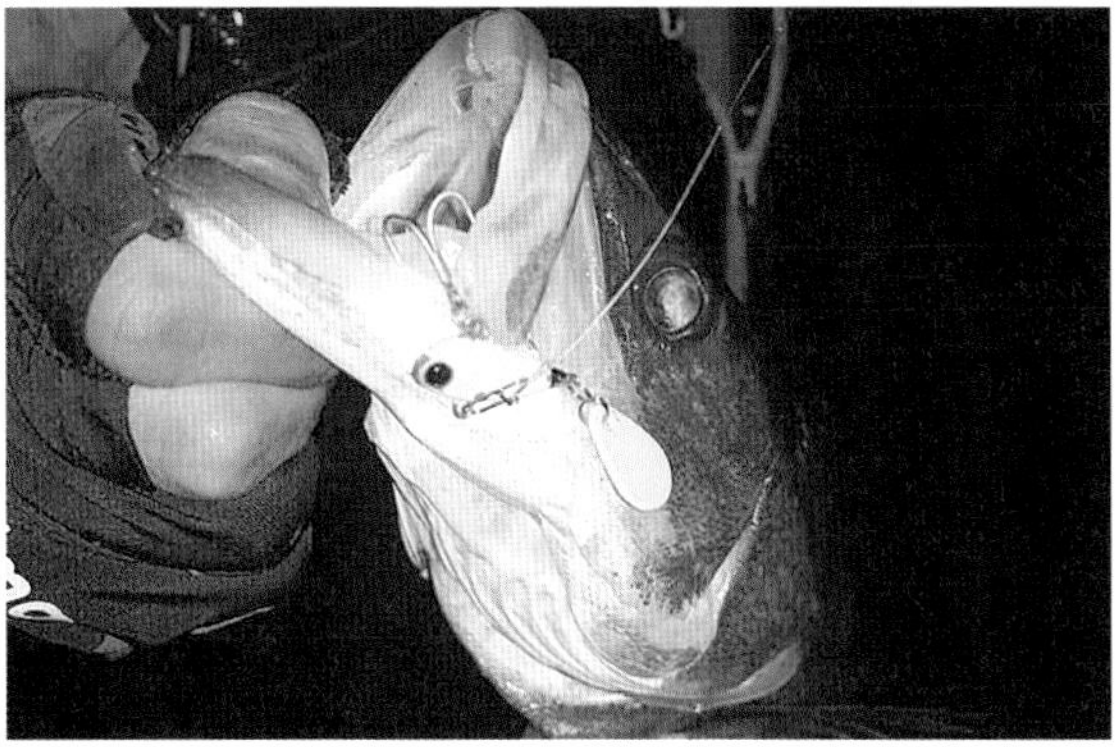
バクリースピン６

スライ95

スライ95はI字形と呼ばれるジャンルのルアー。ゆっくり引くと水面下ギリギリをスーッと棒のように動きます。一見釣れなさそうですが、小さな波動で水面直下を漂う小魚の群れをイメージして使ってみてください。I字形しか食わないなタイミングもあるので、１個持っておくといいかもしれません。

バクリースピン6

バクリースピン６は食わないときの助け舟。スピンテールジグ自体のルアーシルエットが小さいことに加えて、ブレードが高速で回転するので見切られにくいです。また、ブレードがシリコン製で、波動が強すぎないところも◎。ある程度飛距離も出せるので使い勝手がいいのですが、フックが１個だけなので、低活性時にフッキングしないことがあります。

スローに使う

マイクロベイトの特徴は小さく、遊泳力が低いこと。それを意識して、ルアーもなるべくスローに使いましょう。ルアーが漂っている＝油断している状態をつくるのがコツです。

また、なるべく水面から攻めていき、徐々にレンジを落としていきましょう。スローを意識し、立ち位置や投げるコースを変えながら投げ続けると、どこかで正解が見えてくるはずです。

夏の好条件と有効なルアー

冬～春からのメインベイトであったバチやマイクロベイトが消え、季節は夏へ。潮の動き方も変わるので、釣り人側の動き方も少し変わってきます

夏はイワシ着きのシーバスを釣るチャンス

夏からのメインベイト

夏からのベイトは、春頃にいたマイクロベイトが少し大きくなっています。ボラであればイナっコサイズになっているころです。サイズ的には5～9㌢くらいとまちまちですが、一般的なルアーと合わせやすいサイズになっているので、やや釣りやすくなっていると思います。

また、この時期はイワシが接岸します。冬の低水温期に比べると陸の浅瀬周りにイワシがまわってきやすくなり、イワシ着きのシーバスを釣るチャンス到来。場所によってはサッパ、コノシロ、アジなどベイトの種類がかなり多くなってくるので、ルアーもいろいろな種類を持っておいたほうがその場で対応しやすいでしょう。

夏の狙い場

夏シーバスの狙い目となるポイントを紹介していきます。

雨後の増水河川

台風並みの雨は危険ですが、さらっと降った程度の雨のあとはチャンス。夏場の熱すぎる水温が若干下がり、流れも強くなるので一時的にシーバスの活性が上がります。雨後

は足元には十分に注意し、無理のない釣行を心がけましょう。

朝マヅメとタマヅメ

一年中チャンスの多いマヅメですが、夏ごろはとくに狙い目です。イワシ着きを狙う場合は、マヅメの時間は外せません。潮の動くタイミングとマヅメが重なれば、なおチャンスが大きくなります。潮通しのいい堤防や漁港の出入り口などを狙ってみましょう。

小規模河川のライティングスポット

河川の中流域～上流域

シーバスは河川の20キロ上流でも遡上してきます。魚が乗り越えられない堰があると厳しいですが、堰がなくずっと続いている河川ならチャンスあり。夏は涼しい川からの水も流れてくるので、シーバスとしては過ごしやすい環境になります。

夏に有効なルアー

夏シーバスに効果的なルアーを3つ紹介します。

スピンテール系

とくに昼間に有効なアイテム。パワーブレード、バクリースピンなどが代表格です。堤防、漁港などのボトム付近をゆっくり探れて、遠投が効くので、サーチベイトとしても優れています。

スピンテール系ルアー

トップウォーター

水面を意識している魚に対してシ

ルエットをごまかしつつ最大限にアピールできます。夏はとくにトップウォーターの反応がよくなってくるので、1つボックスに忍ばせておくといいでしょう。

鉄板バイブレーション

一年中使うジャンルですが、夏の河川でのデイゲームでは使用頻度が著しくアップ。速い動きと強い波動でリアクションバイトを誘発します。

水深によってウェイトを使い分けるので、10、15、25グラムあたりをそろえておくと、たいていの場所に対応できます。

トップウォーターも効果的

注意点

水温が高くなると、水中の微生物が大量発生して赤潮が起こります。潮が赤茶色に濁っていて生命感をまったく感じられない場合は、たとえ一級ポイントであっても早々に移動を検討したほうがいいでしょう。

鉄板バイブレーション

PART.6
ショアジギング

秋はショアジギング入門好機

陸っぱりで1メートル級のモンスターが狙えるショアジギング。ここでは、そんな超刺激的なパワーファイトの手軽な楽しみ方、釣果に直結するポイントを解説していきます。

メインターゲットは青物

ショアジギングとは？

ショアジギングとは、メタルジグと呼ばれるナマリ製のルアーを遠投し、青物などを狙う釣り方です。釣り場は身近な堤防やサーフのほか、地磯など。シーズンは初秋から最盛期を迎え、年内いっぱい楽しむことができます。

ターゲットの代表格はブリやカンパチの幼魚。ほかにもサワラ、シイラ、ヒラメ、マゴチ、オオモンハタやアカハタなどの根魚まで、豊富な魚種を狙うことができます。

タックル

ポイントやターゲットによって使い分けるのが一般的です。

足場のいい堤防やサーフといった障害物の少ないエリアで、小型の青物やヒラメ、マゴチなどのフラットフィッシュがメインターゲットの場

ハタ類など根魚もターゲット

合は、メタルジグの30グラム程度がしっかりキャストできるライトショアジギングカテゴリーの10フィート前後のロッドが操作しやすいです。

メインラインはPEライン1号程度。リーダーとしてフロロカーボンの5号前後を結束し、魚とのやりとりをじっくり楽しみながらファイトしてみましょう。

スピード感あふれるファイト

また、テトラ帯や地磯といった魚のとり込みがむずかしいポイントでは、魚に主導権を渡すことは、障害物にラインを擦られるなどラインブレイクに直結します。

とくにブリクラスの青物や大型のサワラなどは、体ごと持っていかれるほど引きが強烈です。ロッドは10フィート以上のショアジギング専用ロッドを選択し、60グラム程度のジグもしっかりとキャストできるパワーのあるモデルで勝負しましょう。

ハンドルノブは丸形が使いやすい

メインラインもPEライン2号以上、リーダーはフロロカーボンラインの8～10号を2メートルほど結束し、大型魚にガチンコファイトで応戦します。

さらに、リールはキャスト性を考えて、どのような場合でも基本的にはスピニングリールを選択し、最低でもメインラインが200メートル程度巻きとれるモデルを選択しましょう。力強いリーリングが要求されるため、ハンドルノブは力が入りやすく握りやすい、丸型のラウンドタイプがオススメです。

ルアーとフックセッティング

ルアーはメタルジグが中心となります。

　大きく分けてセンターバランスとリアバランスの2種類があり、一般的にセンターバランスタイプは、釣り人のロッドワークによって左右に大きくダートする動きを中心に、さまざまなアクションが演出できます。また、ジグを沈める際もヒラヒラと不規則に沈んでいき、自然とターゲットを誘引できます。

　リアバランスタイプは遠投性に優れ、広範囲を手返しよく探れる特徴があります。ルアーウェイトは底がとれる重さを基本とし、堤防やサーフでは30グラム前後が中心となるでしょう。

　カラー選択は、晴れた光量の強い状況ではシルバー系、濁りが強い状況や光量の少ないマヅメ時などは、ゴールド系でスタートするのが定番です。

30g のメタルジグを基本にミノーやシンペンも

　また、フックセッティングにもバリエーションがあり、メタルジグの前側のみにフックを付けた場合はハリの貫通性がよく、後方の抵抗が少ないため、キレのある激しいアクションを演出しやすいです。

　後方にシングルやダブル、トリプルフックを追加したい状況は、直線的な速いアクションに青物などが反応し、後方から追尾してきてヒットするケース。ジグが沈んでいる際にヒットが多発する状況では、フッキング率を向上させてくれるため有効です。

　ターゲットの活性が高く、海面付近を強く意識している場面では、手返しがよくフッキング率が高いミノープラグやシンキングペンシルもオススメ。遠投性とルアー強度を考え、30グラム程度のサワラ狙い用のミノープラグを使用するのもありです。

狙うフィールドと時間帯

ポイント選びでもっとも重要なのは、エサとなる小魚の接岸状況です。そしてそれを判断する指標として、海中の小魚の姿が視認できることやナブラの有無、海面に突っ込む海鳥の存在にも注視します。

とくに朝と夕方のマヅメ時はチャンスタイムとなり、小魚の接岸が期待できます。一般的には、このような状況が起こりやすいのは、外洋に面した岬の先端や張り出した突堤などの潮通しのいい場所に加えて、足元から水深のあるサーフでは近距離まで大型魚が入ってくる定番の場所となります。

次の釣行のため、釣果や潮見表の情報に加えて小魚の接岸状況や沖が荒れたタイミング、風向きなどもメモしておくと、関連性が見えて非常に参考になる情報となるでしょう。

ナブラやトリヤマ

張り出した堤防や急深のサーフがポイント

釣り方&アプローチのコツ

アクションはいずれも底をとってから開始し、青物狙いの場合は5回から10回程度のアクションを1セットとして再度沈め直します。

基本はワンピッチジャーク

誘いの基本となるワンピッチジャークは、リールを1回転させる

こんなサワラもベイトを追って接岸する

と同時にロッドを上方向に大きくあおり、ラインをバシッとたたく感覚でシャープに動かします。リズミカルにバシッバシッバシッと連続的に行ない、アクション間にひと呼吸のタメをつくることによって、ジグは左右に大きく跳ね上がり、パニックを起こして逃げ惑う小魚を演出するとともに、ターゲットに捕食のチャンスを与えます。

速めのアクションもオススメ

中型青物やサワラ、シーバスなどは、速いアクションへの反応もいいです。リールでメタルジグを泳がせるという意識をメインに置き、できるだけ速いスピードでリールを回転させつつ、ロッドの穂先をジャカジャカジャカジャカと振ることで、誘いのアクションをつけていきましょう。

「追わせて食わせる」をイメージし、直線的な速い動きとメタルジグがキラキラときらめくフラッシング

ショアからブリを狙おう

効果で誘引し、ときおりピタッとアクションを止めることで、後方から追尾してくるターゲットに対して、意図的に捕食のチャンスを与えてヒットに持ち込むシナリオです。

低活性時はロングジャーク

低活性時や根魚狙いの際に試したいのがロングジャークです。ロッドを上もしくは横方向に大きくサビき、その後ロッドを元の位置に戻すことで発生するイトフケを利用し、メタルジグをヒラヒラと沈めていきます。その姿は遊泳力を失い、弱って沈んでいく小魚そのもの。ターゲットが簡単に捕食できるラッキーチャンスを演出してみましょう。

　ほかにも、アクションを組み合わせてアレンジすることで、誘いのパターンは無限大。その日のヒットパターンを探し当てることも、この釣りのおもしろいところです。プラグを使用する際は手返しを重視し、表層を中心に探ってみましょう。

ザブトン級のヒラメがヒットすることも

ファイト&ランディング

　落ち着いてファイトとランディングを行なうため、障害物の有無、足元に寄せてくるルート、タモ入れを行なうポイントなどを事前に確認、イメージをつくっておきましょう。

アタリとフッキング

　アタリは、アクション終わりやフォール中に多く、ガツンッググッ

回遊があればシイラだってヒットする

といった感じに、衝撃や重みが手元に明確に伝わることが多いです。そして、アタリを感じたら即アワセが基本。とくに遠い位置でヒットしたときは力が伝わりにくいので、ロッドを力強く振り上げ、ターゲットの口にしっかりハリを貫通させます。

魚とのやりとり

ヒット後はみずからが主導権を持ち、いち早く魚の頭を釣り人側に向けさせます。ロッドをしっかり立て、そのしなりで魚の抵抗を吸収し、リールが巻けるときは一気に巻き続けましょう。

魚が強烈に抵抗するときは、リールは巻かずに、ドラグを滑らせて相手の引きを受け止めます。ドラグ設定目安としては、片手でラインをしっかり引っ張り、チリッと滑る程度から始めるといいでしょう。

足元が悪い地磯やテトラ帯では、大きく横走りされることはとり込みをむずかしくするだけでなく、沈み根や障害物に擦られてラインブレイクするなどキャッチ率の低下につながります。ファイト中にズルズルとラインが引き出されることがないよう意識して調整しましょう。

とり込み

とり込みは、魚をしっかり浮かせて空気を吸わせます。最後の抵抗で一気に潜られるシーンもあるので、焦らず魚の動きが十分に止まってからタモ入れの態勢に入りましょう。タモは最低でも直径60チセン程度のものをオススメします。

魚に空気を吸わせてとり込む

ジグの重量選定3つのポイント

ここではショアジギングにおけるジグの使い分けと重量選定のコツを紹介。選び方をまちがえるとチャンスを逃してしまうことにつながるので、しっかり覚えておきましょう。

重量選び

ショアジギングで扱うジグは、軽いものでは5グラムから重いもので120グラムなど、かなり差があります。

5グラムなど軽いものでは、堤防からアジやカサゴなど小型から中型の魚種を狙うことが多いです。一方、100グラム、120グラムは、磯や船から大型のマダイやヒラマサなどを狙う際に使用されます。

ショアジギングに使うジグ

重さを決めるコツ

ジグの重さを決めるコツは、大きく3つあります。これを押さえることが、釣果に大きな差を生むきっかけにもなるため要チェックです。

潮の流れを意識する

潮の流れは、釣り場によって大きく変わります。また、その日の状況で変化することも少なくありません。そのため、キャストして戻ってきた方向がまったく異なれば、それは潮の流れにジグの重さが負けてしまっていることになります。つまり、狙ったポイントを狙えず、アクションにも違和感を与えている可能性が高いということです。

潮に流されてしまう状況では、ジグの重さを20グラムプラスして様子を見

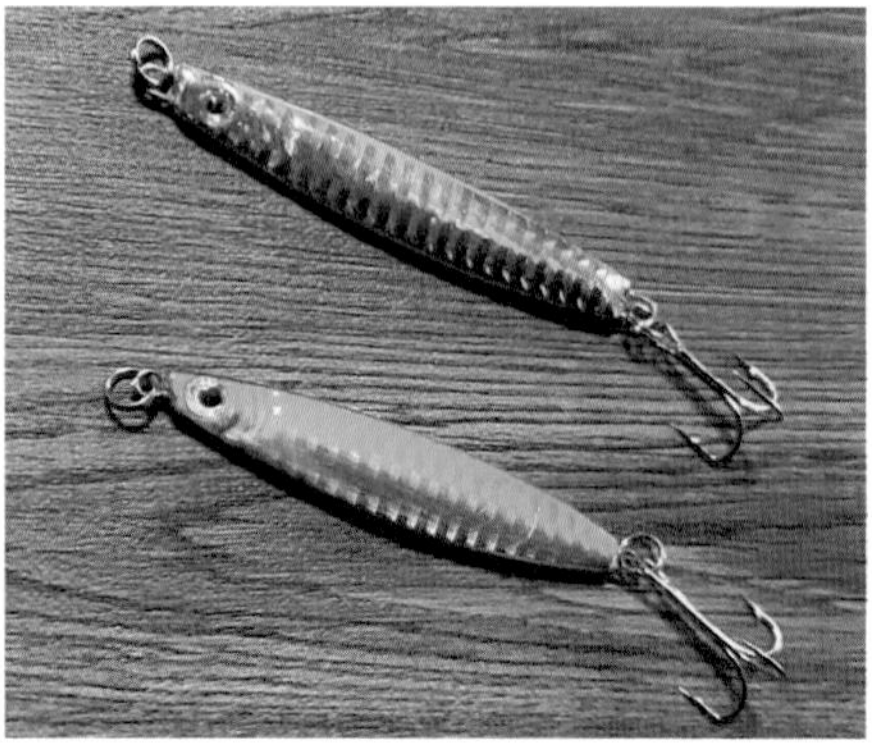

水深を探るときは 100 均ジグも有効

ると、正確なポイントを探ることができます。

水深を把握する

釣り場の水深を正確に把握することは、多くの魚種にアプローチするために欠かせない作業です。根掛かりが怖くて中層あたりに止めておこうと控えめに攻めてしまうと、意外と中層にも達していないことがあります。

水深を探るときは、100均で販売されているメタルジグがオススメです。ルアー自体の性能もあなどれませんが、なくなっても精神的ダメージが少ないため、思いきって海底まで探れるでしょう。

沈下速度を事前確認

ジグには、沈下速度の設定がされている種類も少なくありません。また、ヒラヒラと落ちるタイプなど、パターンもさまざまなため、使用するジグの重さや形状を理解することも、大切な技術と言えるでしょう。

魚がジグに食いつくタイミングは、落ちるときが多いと言われています。「今どのように落下しているのか」をイメージしながらアクションを与えましょう。

ジグウェイトをまちがえないように注意

重さをまちがえると？

水深が5メートルしかない堤防から100グラムのジグを投げても、すぐに海底に着いてしまいます。

また、サイズもベイトにマッチしていない可能性が高く、アクションが強すぎて警戒心をさらに与えてしまうことにつながるでしょう。

逆に、地磯で5グラム、20グラムのジグを投げても流される可能性が高く、正面にキャストして右左から戻ってくることでしょう。また、飛距離も伸びないため、ナブラが立ってもチャンスを逃す可能性が高いと言えます。

重量に適したロッドを

ジグの重さに合わせたロッドをチョイスしなければ、最悪の場合、ロッドは折れてしまいます。

ショアジギング専用ロッドを購入する際には、最適なルアー重量を確認することが大切です。「12－65」であれば12～65gグラムのジグに適応していることになり、この重量の範囲ならキャストも安定しやすい特徴があります。

もしこのロッドに100グラムのジグを付けてキャストすれば、負荷がロッドにダメージを与えて折れてしまうことも。ショアジギングを始める際にはジグに最適なロッドを用意し、ジグの重さもバリエーションを増やしておくことが重要です。

ショゴ（カンパチの若魚）は格好のターゲット

上達のための７つのポイント

手軽に青物などと対峙できる魅惑のショアジギングですが、いざ始めてみたらまったく釣れない……なんて人も多いはず。ここでは、釣れない理由から上達方法を考えてみます。

陸から大物と出会えるのがショアジギングだが……

初心者あるある

ショアジギングを始めたけれど、ボーズ続きで心が折れてしまう入門者は驚くほど多いです。なぜこんなにも釣れないのか考えても、原因がなかなか見つからないことも悩みどころでしょう。

しかし、ショアジギングでさまざまな魚種を釣り上げることができるのは事実。入門者が釣れない理由には根拠があり、ショアジギングはただメタルジグを投げていれば釣れるほど簡単な釣りではありません。やはり「条件」がそろっていなければ釣果は得られないのです。

では、入門者が陥りやすい「釣れない理由」を考えてみましょう。

ポイント選びのまちがい

ポイント選びがまちがっていれば、メタルジグを投げても回収を繰り返すことになります。要するに、キャスティングの練習をしているだけです。

偶然、魚が回遊して釣れる可能性は否定できませんが、ラッキーに頼ったショアジギングではコンスタントな釣果にはつながりません。まず最初にポイント選びを徹底しなければ、どんなに粘り続けても一生釣れない可能性だってあります。

シーズンのズレ

ショアジギングで狙う魚種はさまざま、青物を狙う人が大半です。ひとくちに青物と言っても、ヒラマサやブリ系など種類は分かれますが、シーズンがズレていてはどの魚も釣るのはむずかしくなります。

ベイトが合っていない

ベイトが合っていなければ、ターゲットに違和感を与えやすくなります。ナブラがわいて活性が高い状況にかぎらず、マッチ・ザ・ベイトはつねに意識したいものです。

とくにメタルジグは、重さや沈下速度により形状やサイズも変わるため、水深が浅い場所で大きいメタルジグを扱うことは釣りにならない結果となります。

タックル選定のまちがい

メタルジグは大物が掛かる可能性があるため、ラインはPEラインが強度も高く、飛距離も出やすくて適しています。また、ロッドやリールもシーバス用では扱えるメタルジグがかぎられるため、ショアジギング専用のタックルをそろえることが重要です。

40《グラム》前後のメタルジグを扱う場合には、10《フィート》のシーバスタックルでも対応可能。ターゲットや釣り場によって選択肢に入れておきましょう。

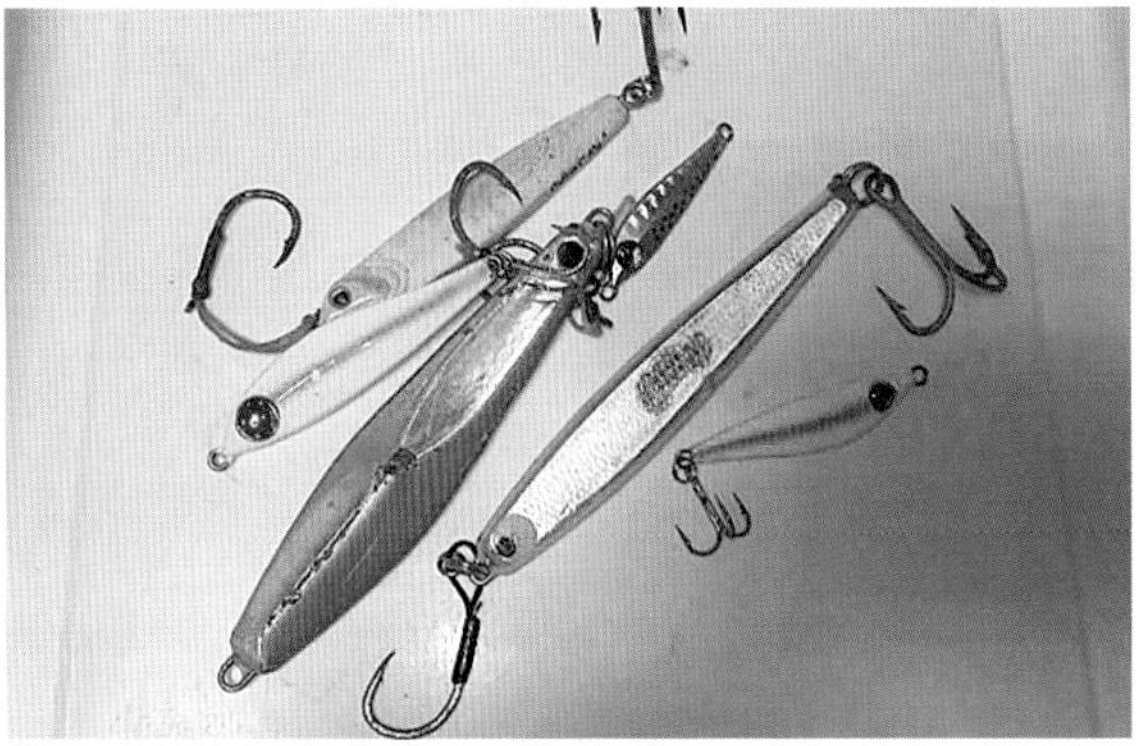

使用ジグのサイズ感も大切にしたい

上達のコツ

ここからは、入門者が上達するためのヒントを挙げていきます。

釣果を徹底的に調査

ショアジギングでの釣果が毎年出ている釣り場は鉄板。魚が回遊する裏づけがあるため、毎年回遊してくる可能性が高いです。ポイントを絞り、同じ場所で徹底して釣り続けると、効率よく腕を上げることができます。

狙う魚種を絞る

ターゲットを絞ることも大切。メタルジグのサイズや狙うレンジによって、ターゲットも変わります。たとえば、海底付近を狙うようにするとハタやカサゴなどの根魚がヒットしやすくなります。

夏前や秋など、実績のある地磯から狙う場合には、ブリ系の青物が狙いやすくなります。表層とはかぎららないため、中層や底層も狙いながら探ることもポイントです。

実績場に通い続ける

評判のポイントに通い続けることも、入門者には重要です。前述したように、同じ釣り場に通い続けることで釣れる可能性は格段に上がります。

この釣り場は釣れないと移動ばかりしていると、穴場を見つける可能性もありますが、入門者にその目安を判断するのはむずかしいことを理解しておきましょう。

アクションの練習

アクションは、ただ巻きでも釣れますが、ジグを上下に動かしてあげることでアピールにもつながります。魚は落ちた瞬間に食いつきやすい習性があるため、スローに落ちるタイプのメタルジグではフォール中にヒットする確率が明らかに高いです。

ゆっくり上げて落とすなどのアクションもプラスしながら、とにかくキャスティングしてチャンスを増やすことが、釣る確率を上げるきっかけとなります。

釣るための道具選び

ショアジギングでは一日1回のバイトになる可能性も少なくありません。そのため、その1回だけのチャンスを逃さないように、道具も徹底する必要があります。

ラインの強度は十分なのか、リールはショアジギングにマッチしているか、メタルジグを扱いやすいロッドなのか、ショアジギングに徹底しておきましょう。

根掛かりを恐れるな

ショアジギングのコツは、広範囲

に探ること。広範囲と聞くと広さだけと思われがちですが、表層から海底付近まで〝縦〟の範囲を探ることも重要です。とくに根掛かりが怖いからと海底に着かないように探っていると、実際には中層付近までしか探れていないことがよくあります。

それではターゲットや予想外の魚種がヒットするチャンスも逃すことに。根魚がヒットする可能性も高いため、海底に着くまで落としてアクションを加えていくことは避けられません。

動画を何度も観る

現在はネットの動画でショアジギングの技術を簡単に学べます。視聴するときは、「釣り場に共通点はあるのか？」「アクションはどうしているのか？」「釣れている時間帯に共通点はあるのか？」など、とにかく技術との共通点をつなげていくことがスキルアップのきっかけとなります。

一度釣れるとコツがわかる

ショアジギングでは、一度釣れるとコツがわかるというウワサはあながち嘘ではありません。いろいろと探っていたらヒットしたため、次回も同じように狙ってみたらまた釣れるイメージです。

これを繰り返しながら別のパターンではどうか……と経験を積むことで、気づいたときには周りの釣り人と差が生まれていることもめずらしくありません。

入門者は最初の1尾を釣り上げるまで大変ですが、ショアジギングは釣れ始めると大物も狙え、アドレナリンが出るエキサイティングな釣りです。

大物が狙えるショアジギングはエキサイティングな釣りだ

PART.6
ショアジギング

「マイクロベイト」パターン攻略

青物は食べているエサにルアーを合わせないと、まったく釣れないことがあります。ここでは、マイクロベイトを捕食する青物の釣り方について解説します。

ジグヘッドワームで捕獲したワラサ

キーとなるベイト

近年、堤防から手軽に狙える大物として、青物の人気が高まっています。青物とはブリ、ヒラマサ、カンパチなどの回遊魚の総称で、潮通しのいい場所に回遊してきますが、ベイトに依存しているため、ベイト次第でときには湾奥や河川に入ってくる個体もいます。

ベイトになりやすい魚は、マイワシ、アジ、コノシロなどですが、ハク（ボラの稚魚）やカタクチイワシといった、マイクロベイトがベイトとなることもめずらしくありません。

陸っぱりのルアー釣りでは、プラグを使ったプラッギングと、メタルジグを使用したジギングの2つがメインの釣り方となります。

マイクロベイトパターン

マイワシやコノシロがベイトの場合、ルアーは10〜20㌢程度のプラグなどを使用します。マイワシやコノシロがそのような大きさであるため、マッチ・ザ・ベイトで食わせやすいからです。では、マイクロベイトのときはどうなるのでしょうか。

マイクロベイトは、1㌢から大き